Die neue Erzählbibel

Die neue Erzählbibel

Martina Steinkühler
Barbara Nascimbeni

Gabriel

Der erste Teil, das »Alte« Testament

Mehr als 3000 Jahre ist es her, da sammelten *weise* Männer und Frauen Geschichten von Gott. Sie machten daraus ein **Heiliges** Buch.

Komm und lies im ersten Teil der Bibel, Gottes Buch. Lies von Abraham und Sara, Mose und Mirjam, David und Michal.
Lies, wie die Weisen die schweren Fragen des Lebens beantwortet haben:
vom Anfang der Welt, von den Stärken und Schwächen der Menschen, von Unheil und Bewahrung.
Und schließlich von Propheten, die Gutes gut und Böses böse nennen.
Sie wollen, dass die Menschen achtsam leben, sie hoffen, dass das Gute siegt.
Lies von Gott, einem gütigen Gott, mit keinem anderen zu vergleichen.

Erklärungen zu den hervorgehobenen Begriffen finden sich ab Seite 236.

Geschichten von Gott dem Großen Begleiter

Gott spricht: »Zwischen dir und mir ist ein Band.«

Ich hebe meine Augen auf zu den Bergen:
Woher kommt mir Hilfe?

Meine Hilfe kommt vom HERRN,
der Himmel und Erde gemacht hat.

Er wird deinen Fuß nicht gleiten lassen
und der dich behütet, schläft nicht.
Siehe, der Hüter Israels schläft und schlummert nicht.

Der Herr behütet dich;
der Herr ist dein Schatten
über deiner rechten Hand,
dass dich des Tages die Sonne nicht steche
noch der Mond des Nachts.

Der Herr behüte dich vor allem Übel,
er behüte deine Seele.
Der Herr behüte deinen Ausgang und Eingang
Von nun an bis in Ewigkeit!

Psalm 121

Wie Abraham zum Wandern kam und Sara zu einem Kind

Komm mit in das Land von Abraham und Sara …
Es ist ein schönes, grünes Land. Die Sonne scheint. Warm ist es. Niemand muss
frieren. Sara und Abraham sind nicht mehr die Jüngsten. Die Wärme tut ihnen gut.
Zwei große Flüsse geben dem Land Wasser. Am Wasser sind Gärten, da wachsen
wunderbare, süße Früchte. Und Blumen, prächtig bunt.
Sara backt Brot und Kuchen. Sara kümmert sich um Haus und Hof. Abraham ist
meistens draußen bei den Herden. Ziegen hat er und Schafe, das ist der Reichtum
der Familie. Nur eines fehlt Sara und Abraham. Sie haben kein Kind.

»Auf geht's!«

»Wer soll denn all die Schafe und die Ziegen einmal erben?«, fragt Sara eines Abends.
Abraham und Sara sitzen im Hof, ein Feuer brennt. Sie essen frisches Brot und trinken
Traubensaft. »Ach, warum, warum haben wir kein Kind?« Abraham weiß, dass Sara sehr
traurig ist. »Sara«, sagt er, »ich habe dich – was will ich mehr?« Er drückt ihre Hand. Sara
lächelt unter Tränen.

Später, als Abraham schon schläft, sitzt Sara immer noch draußen und starrt in den
Himmel. Schwarz ist der und stumm. ›Und morgen wieder aufstehen‹, denkt sie müde.
›Wieder Wasser holen und wieder backen und melken. Und wieder waschen und flicken
und aufräumen von früh bis spät … Wie heute, wie gestern, wie alle Tage …‹ Aber da
irrt sie sich sehr.

Am Morgen ist alles anders. Abraham ist anders. »Wir packen!«, ruft Abraham quer
über den Hof. Er ruft es seinen Knechten und Mägden zu. Und Lot, seinem Neffen. Der
ist schon erwachsen. »Wir brechen auf!« Sara zieht die Hände aus dem Teig, den sie
gerade knetet. »Aufbrechen, Abraham?«, fragt sie. »Was soll das heißen?«

Abraham bleibt vor ihr stehen. Seine Augen strahlen anders als sonst. »Sara, wir ziehen fort von hier!« Er nimmt ihre Hand. Dass sie klebrig ist vom Teig, macht ihm nichts aus. Mit der anderen Hand malt er einen weiten Bogen in die Luft: »Irgendwo ist ein besseres Land, Sara! Ein Land wie ein Schatz!«

Hagar, Saras Magd, schaut sich um. Überall sieht sie Blumen und Früchte. ›Ein besseres Land als dieses?‹, denkt sie. ›Das kann es gar nicht geben.‹ Sara aber nickt. »Gut, Abraham«, sagt sie und sie beginnt zu packen.

Aus Genesis 11 und 12

Ein unsichtbares Band

»Was denkst du über unsere Wanderung, Sara?«, fragt Abraham eines Abends. Sie sitzen mitten zwischen Zelten und Tieren. Ein Feuer brennt. Um sie herum ist fremdes Land. Es ist trockener als daheim und weniger bunt. Sie sind schon lange unterwegs. Die Füße schmerzen.

»Es ist gut«, sagt Sara. »Das Wandern vertreibt die trüben Gedanken. Ja, es ist gut.« Sie bricht das Brot und gibt ihm ein großes, warmes Stück. »Aber wie bist du nur auf den Gedanken gekommen, so ganz aus heiterem Himmel?« Abraham kaut langsam. Genauso langsam beginnt er zu lächeln. »Aus heiterem Himmel, Sara?« Und dann erzählt er Sara eine geheimnisvolle Geschichte.

Weißt du noch, Sara: jene Nacht? Du warst so traurig, Sara, und ich auch. Als du endlich eingeschlafen warst, da bin ich aufgestanden. Ich bin hinausgegangen, weit hinaus, hinunter zum Fluss, zu den Schafen. Auf einmal war der Himmel voller Sterne. Und eine Stimme rief mich: »Abraham, Abraham!«

Hagar, Saras Magd, hört aus der Ferne zu. ›Du hast geträumt, Abraham‹, denkt sie. Sara aber nickt. Nicht immer ist der Himmel schwarz und stumm. Und Abraham erzählt weiter:

14

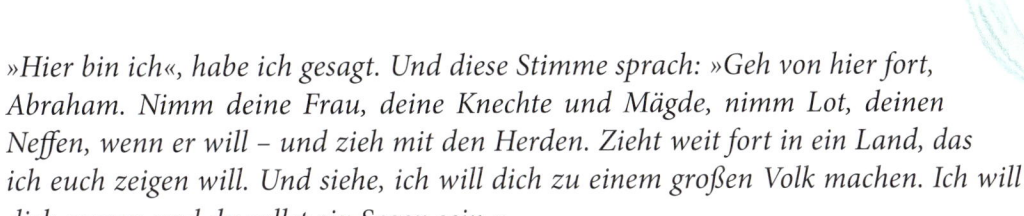

»Hier bin ich«, habe ich gesagt. Und diese Stimme sprach: »Geh von hier fort, Abraham. Nimm deine Frau, deine Knechte und Mägde, nimm Lot, deinen Neffen, wenn er will – und zieh mit den Herden. Zieht weit fort in ein Land, das ich euch zeigen will. Und siehe, ich will dich zu einem großen Volk machen. Ich will dich segnen und du sollst ein Segen sein.«

Hagar, Saras Magd, kichert leise. ›Ein großes Volk, Abraham?‹, denkt sie. ›Du und Sara, ihr seid alt und ihr habt kein einziges Kind!‹ Sara aber nickt. Ihre Augen glänzen im Licht der Flammen. Abraham erzählt weiter:

»Segen, Herr?«, habe ich gefragt. Da fühlte es sich an, als ob sich um mein Handgelenk ein Band legte, ein unsichtbares Freundschaftsband. Und die Stimme sprach zum dritten Mal: »Sieh zum Himmel, Abraham, sieh die Sterne: Kannst du sie zählen?«
»Das kann ich nicht«, sagte ich. »So viele, Abraham«, hörte ich, »so viele Kindeskinder wirst du haben: Enkel, Urenkel und Ururenkel … Brich auf, Abraham. Glaub mir. Ich gehe mit.«

Hagar, Saras Magd, ist still. »Glaub mir«, wiederholt sie. »Wem? Warum?« Sara aber nickt. »Wer war das, Abraham?«, fragt sie nur. »Ich kannte ihn nicht«, sagt Abraham. Saras Finger tasten über Abrahams Handgelenk. Auf einmal kann sie es spüren, das **Segensband**. »Der Herr des Segens«, sagt sie. »Der Grosse Begleiter.«
  ›Das werden wir sehen‹, denkt Hagar.

Genesis 12, 1–9 und 15, 1–6

15

»Hier ist es!«

»Was denkst du über dieses Land?«, fragt Abraham eines Abends. Sie sitzen vor dem Zelt. Ein Feuer brennt. »Hier ist es, der , hat es mir gesagt.«

»Hier?«, fragt Sara. Sie schaut sich um. »Von den Bergen bis zum Meer«, sagt Abraham. »Das ist das Land, das der GROSSE BEGLEITER uns schenken will. Und in der Mitte ist ein Fluss.«

Sara sieht, dass dieses Land rau ist und lieblich zugleich, freundlich und verschlossen, reich und arm. »Es ist, wie es ist«, sagt sie. »Wenn du hier Vater wirst, Abraham, ist es mir recht.«

Hagar, die Magd, steht abseits. ›Zu Hause war es besser‹, denkt Hagar.

Auf einmal schaut Sara ihre Magd aufmerksam an. »Abraham!«, ruft sie. »Ich habe einen Gedanken!« Sie flüstert mit Abraham und Hagar steht dabei. Niemand hat sie weggeschickt. Auf einmal schaut auch Abraham die Magd aufmerksam an. »Gut, Sara«, sagt er. »Wenn du meinst.«

Abraham steht auf und nimmt Hagars Hand. Das hat er noch nie getan. »Hagar«, sagt Abraham. »Sara sagt, ich soll Vater werden. Sara sagt: vielleicht durch dich?«

»Ja, Herr«, sagt Hagar. Sie sieht Sara an und Sara sieht, was Hagar denkt: »Warum nicht?«, denkt Hagar. »Ich bin jung.«

Genesis 16, 1–4

Das erste Kind

Wie schnell vergeht ein Jahr! Ein Jahr schon sind Abraham und Sara in dem neuen Land. Noch immer ziehen sie mit den Herden. Sie lernen ihr Land kennen, jedes Tal, jeden Berg, jede Quelle, jeden Busch. Sie haben das Zelten lieb gewonnen. Und außerdem: Es fehlt an Wasser in dem neuen Land. Sie führen die Herde von Weide zu Weide.

»All die Ziegen und die Schafe«, sagt Sara eines Abends. »Der da wird sie erben.« Sie deutet mit dem Kinn auf das Kind, das in Hagars Schoß ruht. Das ist Ismael, Hagars

und Abrahams Kind. Abraham schüttelt den Kopf. »Nein, Sara«, sagt er. »Der Herr des Segens sprach zu mir. Es war in der Nacht, als Ismael seinen Namen bekam. Er sagte: ›Abraham, das ist nicht der Erbe, den ich dir versprochen habe.‹«

Sara seufzt. »Wirklich, Abraham?« Abraham nickt. Sara schließt die Augen. »Dann war also alles umsonst, Abraham?« Abraham hebt die Arme. »Das weiß nur Gott.« Hagar steht langsam auf. Sie hat gehört, was Sara gesagt hat. »Alles umsonst.«

Heimlich packt Hagar ihre Sachen. Sie verlässt das Lager in der Nacht. Sie muss nicht einmal schleichen. Abraham und Sara achten nicht auf sie. Den kleinen Ismael trägt Hagar an der Brust. Sie hält ihn warm und sicher.

Hagar hat kein Ziel. Sie geht einfach drauflos. Sie wandert die ganze Nacht. Das Kind an ihrem Herzen schläft. Am nächsten Morgen sieht sie, wo sie ist. Sie ist in die Wüste geraten, tief in die Wüste, viel zu tief. Sie hat kein Wasser mitgenommen. Sie setzt sich hin und stillt ihren Jungen. Dann geht sie weiter. Weiter, weiter. Die Nacht ist kalt gewesen. Aber am Mittag ist es heiß, brennend heiß. Weit und breit gibt es keinen Schatten, kein Wasser und niemanden, der ihnen hilft.

In der nächsten Nacht macht Hagar sich ein Lager. Sie schläft mit Ismael im Arm.

»Morgen«, sagt sie zu dem Kind, »morgen finden wir Wasser.« Aber sie glaubt nicht daran.

Am Morgen wird es wieder heiß, am Mittag wird es noch heißer. Die Nacht hat keine neue Kraft gebracht. Das Baby weint. Und Hagar hat kein Wasser.

Am Mittag kann sie nicht mehr weiter. Sie sinkt in den Sand. Sie bleibt liegen. Dann aber kämpft sie sich noch einmal auf die Beine. Nicht weit entfernt, da ist ein kleiner Busch. Da hat zumindest Ismael ein kleines bisschen Schatten. »Ich will nicht sehen, wie du stirbst«, sagt Hagar zu Ismael. Dann schließt sie die Augen.

»Hagar, steh auf!« Auf einmal hört sie eine Stimme. Eine Stimme, aber niemand ist da. Eine Stimme, die warm und freundlich spricht. »Hagar, nur noch ein paar Schritte. Mach schon, du schaffst es. Wo ein Busch ist, ist auch Wasser.« Hagar öffnet die Augen. Niemand ist da, niemand, den Hagar sehen kann. Aber sie spürt etwas, einen Hauch, eine Berührung. Sie spürt, wie sie neue Kraft bekommt und Mut. »Ja, Herr«, sagt sie, ganz in Gedanken.

Hagar schafft es. Sie steht auf. Sie geht ein paar Schritte. Sie hört die Stimme nicht mehr. Aber sie hört Wasser plätschern. Und sie findet – einen Brunnen! Hagar trinkt sich satt. Sie holt das Kind. »Ismael«, sagt sie. »Was soll aus uns werden?«

»Ein großes Volk!« Da ist die Stimme wieder. »Geh weiter, Hagar. Du findest einen neuen Platz. Dein Ismael lebt unter meinem Segen.« Segen! Hagar schweigt. Von Segen hat Abraham zu Sara gesprochen. Vom HERRN DES SEGENS auch. »Es war nicht umsonst«, sagt Hagar. »Da ist ein Herr, der auf mich achtet. Ich habe ihn gehört.«

Genesis 21, 12–21

»Lach nicht!«

»Machst du dir Sorgen um Hagar und das Kind?«, fragt Sara eines Morgens. »Seit heute Nacht nicht mehr«, antwortet Abraham. »Der HERR DES SEGENS?«, fragt Sara. »Ja«, sagt Abraham, »er hat zu mir gesprochen: ›Lass Hagar gehen. Sie findet einen neuen Platz. Und Ismael lebt unter meinem Segen.‹«

Sara schweigt. »Wie kannst du nur so sicher sein?«, denkt sie. »Dein HERR DES SEGENS hat sein Versprechen nicht gehalten.« Sie denkt an Hagars Kind. Und dass sie selbst nie Mutter wird.

Abraham ist hinausgegangen zu den Herden. Auf einmal aber kommt er eilig wieder. »Sara! Sara! Ein Mittagessen! Sara, wir brauchen ein Festmahl!« Erstaunt sieht Sara auf. »Wir haben Gäste, Sara«, ruft Abraham. Er deutet hinter sich. Drei Fremde sieht Sara, sie kann sie kaum unterscheiden. Sie sind wie Drillinge. »Ich backe frisches Brot«, sagt Sara. »Und in der Kanne ist noch Wein.«

Sie hört im Zelt, wie Abraham draußen mit den Gästen spricht: über den Weg und das Wetter und über die Tiere. »Die Ziegen und die Schafe«, sagt der Gast: »Dein Sohn wird alles einmal erben.«

»Mein Sohn?«, fragt Abraham zurück. »Ismael?«

Und dann hört Sara Worte, die treffen sie mitten ins Herz. »Sara«, sagt der Gast, »deine Frau: Wenn ich in einem Jahr wiederkomme, wird sie ein Kind haben.«

Sara schlägt die Hand vor den Mund. Und dann lacht sie, kurz und bitter. »Warum lacht deine Frau?«, fragt draußen der Gast. »Sie lacht nicht«, sagt Abraham. »Sie hat gelacht«, sagt der Gast. »Weiß sie denn nicht: Was bei den Menschen unmöglich ist, das ist möglich bei Gott.«

Genesis 18, 1–15

Wort gehalten!

Wie schnell vergeht ein Jahr! Ein zweites Jahr schon sind Sara und Abraham in dem neuen, dem verheißenen Land. »Machst du dir Sorgen um Sara?«, fragt Lot seinen Onkel Abraham. Sara liegt im Zelt. Sie bekommt – was sie gar nicht mehr glaubte, was sie sich so sehr gewünscht hat: ein Kind!

Lot wartet draußen bei seinem Onkel. »Wenn doch alles gut geht – oh Gott, du

HERR DES SEGENS! Mach, dass es gut geht!« Dann – ein Schrei. Der erste Schrei des Kindes. »Mein Kind! Mein Kind!«, ruft Abraham. »Oh Gott, wie geht es Sara?«

Da kommt Lots Frau aus dem Zelt. Sie trägt ein Kind im Arm. »Sieh, Abraham«, sagt sie, »das ist dein zweiter Sohn.« Abraham sieht dem Baby ins Gesicht. Und lacht. »Weißt du, wie alt ich bin, Lot?«, fragt er. Und er antwortet selbst: »Hundert«, sagt er. »Ich bin schon hundert Jahre alt! Und dieser ist mein Sohn des Lachens.« Er küsst das Kind und dreht sich zum Zelt. »Sara!«, ruft er ins Zelt. »Wie wollen wir ihn nennen?«

»Isaak!«, ruft Sara gleich. Isaak heißt: Sohn des Lachens.

Genesis 21, 1–7

Vor dem Morgengrauen

»Machst du dir Sorgen um Isaak?«, fragt Sara eines Abends. Viele Jahre sind vergangen. Isaak kann schon Schafe hüten und Ziegen melken.

»Ich habe mir diese Stadt angeschaut«, sagt Abraham, »wo Lot jetzt lebt. Sie heißt Sodom. Die Menschen dort verehren eine ganze Menge Götter. Und weißt du, was sie tun?« Sara schüttelt den Kopf. Sie braucht keine anderen Götter. Sie hat, seit Isaak geboren ist, Frieden geschlossen mit Abrahams Gott. Dem HERRN DES SEGENS, dem GROSSEN BEGLEITER.

»Sie zähmen ihre Götter«, sagt Abraham. »Wie wilde Tiere?«, fragt Sara. »Wie wilde Tiere?« Abraham nickt. »Sie geben ihnen zu essen – immer das Beste, immer das Erste aus jeder Ernte und von jeder Jagd.«

»Ja, aber«, sagt Sara. »Können diese Götter denn essen?« Und Abraham sagt: »Die Gaben werden verbrannt. Das nennen sie *Opfer*.« Sara schüttelt den Kopf. Opfer. Was für ein dummer Gedanke!

»Sara!« Abraham ist noch nicht fertig. »Was denn noch, Abraham?« Abraham atmet tief durch. »Sara, sie opfern den Göttern auch ihre ersten Söhne.« Da stößt Sara einen lauten Schrei aus. »Was sind das für Götter!«, ruft sie. Abraham senkt den Kopf. »Was sind das für Väter!«, sagt er.

20

»Machst du dir Sorgen, Abraham?«, fragt Sara spät abends. Abraham kann nicht schlafen. Er sitzt vor dem Zelt und schaut in den Himmel. Der Himmel ist schwarz und stumm. Sara tritt hinter ihn. »Was hast du denn, Abraham?«

Abraham schaut sie mit unruhigem Blick an. »Sara«, sagt er, »was, wenn mein Gott auch ein Opfer will?« Sara schlägt die Hand vor den Mund. »Hat er das gesagt?«, fragt sie. Abraham schweigt. »Komm ins Bett, Abraham«, sagt Sara. »Was für ein dummer Gedanke.«

Mitten in der Nacht schrickt Sara auf. Das Bett neben ihr ist leer. Und Isaaks auch. Und als sie nachschaut, fehlt ein Esel. Abraham und sein Sohn – fort. Bevor der Morgen graut. Sara nimmt ihr Tuch und rennt los. »Abraham!«, ruft sie. »Isaak! Wo seid ihr!«

Sie sind auf einen Berg gestiegen. Sie haben Holz mitgenommen und ein Feuer angezündet. Sie haben ein Opfer gebracht. ›Nicht den Jungen!‹, denkt Sara mit Angst im Herzen. Da sieht sie, was Abraham geopfert hat. Es ist ein Widder. Sara atmet auf. Für einen Augenblick hat es anders ausgesehen.

»Ich habe keine Freude an Opfern«, spricht plötzlich eine Stimme. »Ich liebe das Leben, nicht den Tod.« Sara hört die Stimme. Abraham hört sie auch. Aber zu sehen ist nichts. Und Isaak spielt mit Reisig. »Vertraut doch auf den Segen: Zwischen mir und euch ist ein Band.«

Auf dem Heimweg erzählen Sara und Abraham ihrem Sohn von dem **Segen** ihres Gottes. »Und eines Tages, Isaak«, sagt Abraham, »wirst du ihn erben.«

»Und die Ziegen und die Schafe«, sagt Isaak.

»Und das Land«, sagt Sara.

Genesis 22, 1–13

Wie Jakob um den Segen kämpfte

Komm mit in das Gelobte Land, in das Land Abrahams und seiner Erben …
Zieh mit den Herden kreuz und quer durchs Land, immer auf der Suche nach Wasser und nach grünem Gras.
Jakob und Esau sind Zwillinge. Ihren Großvater Abraham haben sie noch kennengelernt, bevor er alt und satt vom Leben starb. Ihr Vater heißt Isaak, Abrahams Sohn, und ihre Mutter ist die schöne Rebekka.
Esau ist stark und wild. Isaak, der Vater, hat viel Freude an ihm. Esau ist viel unterwegs auf der Jagd.
Jakob dagegen ist ruhig und freundlich. Die Mutter Rebekka hat ihn gern bei sich, nah bei den Zelten. Jakob kümmert sich um die Schafe.

Zwillinge

»Hört zu, Kinder«, sagt eines Abends Isaak zu Esau und Jakob, seinen Söhnen. »Ich erzähle euch, was ich hier am Handgelenk trage.«

»Ich sehe nichts«, sagt Esau. »Lass mich fühlen«, sagt Jakob. Seine Finger tasten über Isaaks Handgelenk. »Ja«, sagt Jakob, »da ist etwas.« Rebekka lächelt ihm zu.

»Mein Vater Abraham lebte in Haran, im Zweistromland«, erzählt Isaak, »bis er eines Tages eine Stimme hörte: ›Geh aus deinem Vaterland in ein Land, das ich dir zeigen will. Und ich will dich *segnen* und du sollst ein Segen sein.‹«

»Wer hat da gesprochen?«, fragt Esau. »Niemand war zu sehen«, sagt Isaak. Er schaut zum Himmel. »Das war Gott«, sagt er dann, »Abrahams Gott und mein Gott. Der HERR DES SEGENS, der GROSSE BEGLEITER.«

»Wirklich?«, fragt Esau. »Erzähl weiter«, bittet Jakob. »Mein Vater Abraham hat Gott gehört«, erzählt Isaak weiter. »Er brach auf und zog mit den Herden, bis er hierherkam, in das **Gelobte Land**. Und er erhielt von Gott ein *Segensband*.« Er hebt den Arm.

»Ich sehe nichts«, sagt Esau wieder. »Erzähl weiter«, sagt Jakob. »Ich habe das Segensband von Abraham geerbt«, sagt Isaak. »Mein erster Sohn erbt es von mir.« Er lächelt Esau zu. »Das bist du, Esau.«

»Wir sind Zwillinge!«, wirft Jakob ein. »Sie sind Zwillinge!«, sagt auch Rebekka. »Ich bin als Erster geboren«, sagt Esau. Die Brüder tauschen einen finsteren Blick. »Mit diesem Band hat Gott versprochen, dass er uns begleiten will«, sagt Isaak. »Gott ist der Grosse Begleiter.«

»Spricht Gott auch zu dir, Vater?«, fragt Jakob neugierig. Isaak schüttelt den Kopf. »Gott hat mir die Liebe eurer Mutter geschenkt«, sagt er und küsst Rebekkas Hand. »Und euch. Was will ich mehr?«

Genesis 25, 19–28

Für einen Teller Linsen

»Gib mir zu essen!«, ruft Esau eines Abends. Er ist den ganzen Tag unterwegs gewesen. Jetzt ist er hungrig wie ein Wolf. Jakob hat einen roten Eintopf gekocht. Der Topf hängt über dem Feuer und verbreitet einen kräftigen, leckeren Duft. »Und was gibst du mir?«, fragt Jakob.

Esau reißt die Augen auf. »Was meinst du?«, fragt er. »Was willst du?« Jakob muss nicht lange überlegen. »Das *Segensband*«, sagt er. »Sag Vater, dass er es nicht dir gibt, sondern mir!« Esau stutzt. »Du meinst dieses unsichtbare Ding?«, fragt Esau.

»Willst du nun essen oder nicht?«, fragt Jakob. Er fächelt den Duft aus dem Topf in Esaus Richtung. »Gib her!«, sagt Esau. Und Jakob denkt, das ist ein Versprechen.

Rebekka hat das Gespräch von fern mit angehört. »Gut gemacht, Jakob«, sagt sie später zu ihrem Lieblingssohn. »Esau macht sich gar nichts aus dem *Segen*. Und schließlich: Ihr seid Zwillinge!«

24   *Genesis 25, 29–34*

Der falsche Braten

»Machst du dir Sorgen um Vater?«, fragt Jakob eines Tages seine Mutter. Sie sitzen draußen am Feuer und backen Brot. Isaak ist alt geworden. Er liegt im Zelt und steht nicht mehr auf. Seine Augen sind schwach geworden, er sieht nur noch Schatten.

»Um Vater und um dich«, sagt Rebekka zu Jakob. »Denn, höre: Dein Vater wird nun bald den *Segen* vererben. Achte darauf, dass du ihn bekommst und nicht Esau.«

Im gleichen Augenblick erklingt ein Ruf aus dem Zelt. »Rebekka! Wo ist Esau, mein erster Sohn?« Rebekka erhebt sich. »Sie sind Zwillinge«, murmelt sie. Dann geht sie ins Zelt. Kurz darauf kommt sie zurück. »Jakob!«, ruft sie. »Es ist so weit!« Jakob fragt: »Was, Mutter?«

»Dein Vater will einen guten Braten essen«, sagt Rebekka. »Esau soll ihn zubereiten. Dann wird dein Vater Esau den Segen vererben.« Jakob seufzt. »Was können wir tun?«, fragt er. Rebekka zwinkert ihm zu. »Ich habe einen Plan.«

Später sieht Rebekka zu, wie einer ihrer Söhne zu Isaak in das Zelt geht. Er ist in Esaus Fellumhang gehüllt und hat sich mit Bratenfett eingerieben. Er trägt eine Schale mit frisch gebratenem Fleisch. »Vater«, hört Rebekka ihn sagen, »hier bin ich.« Die Stimme klingt dunkel wie Esaus.

Nach einer Weile kommt ihr Sohn zurück. Er legt Esaus Fellumhang ab und wäscht

sich mit Wasser. »Jakob«, sagt Rebekka, »ist es gelungen?« Jakob hält ihr seine Hand hin. »Schau«, sagt er, »da ist es.«

Zu sehen ist nichts, aber Rebekka betastet Jakobs Handgelenk mit den Fingern. Sie spürt etwas. Segen. »Gut gemacht«, sagt sie zu Jakob und Jakob lächelt ihr zu. Aber in seinem Herzen weiß er: Er hat sich den Segen gestohlen.

Genesis 27, 1–45

Auf der Flucht

»Wo ist dieser Dieb, dieser Segensdieb?« Esau brüllt wie ein Stier. Er ist mit einem guten Braten gekommen. Aber zu spät, zu spät ist er gekommen. Der *Segen* ist schon bei Jakob.

Da sagt Esau etwas Furchtbares. »Ich bring ihn um!«, schreit er und schüttelt die Fäuste. Und wild, wie Esau ist, glaubt Rebekka ihm diese Drohung aufs Wort. Rasch läuft sie zu Jakob, der sich versteckt hat, als das Geschrei begann.

»Jakob«, ruft Rebekka, »es ist schlimmer, als ich dachte! Hör zu, du musst fliehen!« Sie drückt ihm ein Bündel in die Hand: Wasser und Brot, eine Decke. »Zurück nach Haran«, sagt sie. »Da kommen wir her. Da lebt noch mein Bruder, Laban. Geh zu ihm und bleib da … –« Sie zögert. Sie wird ihren Lieblingssohn sehr vermissen. » … eine Weile«, fügt sie hinzu.

›Was soll aus mir werden?‹, denkt Jakob am Abend. ›Was habe ich getan?‹ Den ganzen Tag ist er gelaufen. Gerannt, gesprungen, er hat sich abgehetzt. Und immer diesen Klang im Ohr: »Ich bring ihn um.«

»Segensdieb, Segensdieb!« Wie ein Spottvers verfolgt Jakob dieses Wort. »Wir sind Zwillinge«, sagt Jakob dagegen. Aber es hilft nicht. »Segensdieb. Segensdieb.«

Jetzt kann Jakob nicht mehr weiter. Sein Atem ist erschöpft. Und seine

Kraft ist am Ende. Jakob bleibt stehen. Er schaut sich um. ›Bin ich hier sicher?‹, denkt er. ›Kann ich schlafen?‹ Er öffnet sein Bündel. Er breitet die Decke aus. Er isst von dem Brot und trinkt von dem Wasser. Noch etwas steckt in dem Bündel: zwei silberne Armreife. Sie gehören Rebekka.

»Segensdieb, Segensdieb!« Jakob hat sich hingelegt. Seinen Kopf hat er auf einen Stein gelegt. Er liegt auf dem Rücken und schaut in den Himmel. Schwarz ist der und stumm. ›Was habe ich gestohlen?‹, denkt er. Er tastet nach dem *Segensband*. Er spürt es nicht. ›Kann das sein? Kann es sein, dass ein gestohlener Segen gar nichts nützt?‹

»Hör zu, Jakob!« Vielleicht liegt Jakob noch wach. Vielleicht ist er auch längst eingeschlafen. Auf einmal ruft ihn eine Stimme. Auf einmal ist der Himmel hell. Er sieht etwas wie eine Leiter: Mit den Füßen steht sie auf der Erde. Und oben ragt sie in den Himmel. Jakob sieht *Wesen aus Licht*. Sie wandern auf und ab. Und oben, oben auf der Leiter: der HÖCHSTE, unbeschreiblich.

»Ich bin der Gott Abrahams und der Gott Isaaks«, spricht der HÖCHSTE. »Und dein Gott, Jakob, bin ich auch. Zwischen dir und mir ist ein Band. Ich habe es Abraham gegeben. Abraham hat es Isaak gegeben. Du hast es dir genommen.«

Jakob senkt den Blick. ›Segensdieb, Segensdieb!‹

»Geh fort von hier, Jakob, du kannst nicht bleiben. Aber fürchte dich nicht: Ich gehe mit. Und ich bringe dich auch zurück. Wenn es Zeit ist.«

›Was soll aus mir werden?‹, denkt Jakob, als er am Morgen erwacht. »Gott weiß es«, sagt er. Und aus dem Stein, auf dem er geschlafen hat, macht er ein Denkmal für den HÖCHSTEN. Er nennt es *Bet-El*. Das heißt: *Gottes Haus.*

Genesis 28, 10–19

Die falsche Braut

»Wie gut ist dieses Land!«, ruft Jakob eines Mittags. Viele Tage ist er unterwegs gewesen. Jetzt ist er angekommen. Er hat einen Brunnen gefunden, den Brunnen vor der Stadt Haran. Da sind Frauen am Brunnen, junge Mädchen. Sie schöpfen Wasser.

Und da ist die eine: eine, die Jakob länger anschaut als alle anderen, eine, von der er seine Augen nicht lassen kann. Sie hat einen langen Zopf. Eine Locke fliegt frei. Sie hat ein helles Lachen. Und helle Augen wie Rebekka. Die anderen rufen sie Rahel.

Auf einmal weiß Jakob, wozu er Rebekkas Armreife mit sich trägt. Er zieht sie aus dem Bündel. Er hält sie dem Mädchen hin. »Für dich«, sagt er. Das Mädchen sieht ihn an und Jakob sieht, was sie denkt: ›Keine Geschenke von Fremden!‹

»Von Rebekka«, sagt er. »Ich suche Laban, meinen Onkel.« Da lächelt das Mädchen ihm zu. »Laban ist mein Vater«, sagt sie. »Rebekkas Sohn ist uns willkommen!«

›Da hab ich aber Glück‹, denkt Jakob. Und dann sagt er es laut.

»Rahel, komm, komm mit!«, ruft Jakob jeden Morgen, wenn er mit Labans Herden auf die Weiden zieht. »Rahel, nur ein Stück!« Jakob arbeitet für Laban, seinen Onkel. Und dafür darf er bei ihm wohnen. Bei ihm und seinen Töchtern. Rahel ist die zweite. Und dann ist da noch Lea, die erste. Jakob hat Lea nicht angesehen. Jakob sieht immer nur Rahel.

Rahel trägt die Armreife, die Jakob ihr geschenkt hat. Und ihre Augen strahlen. »Ich will dich heiraten«, sagt Jakob eines Tages. Rahel lächelt ihm zu. »Was denkst du?«, fragt sie. »Will ich dich?« Da wird Jakob blass. »Etwa nicht, Rahel?« Rahel bricht in helles Lachen aus. »Natürlich will ich dich!«, ruft sie. »Wir müssen Vater fragen.«

»Rahel, komm, komm mit!«, ruft Jakob an seinem Hochzeitstag. Sieben Jahre hat Jakob für Laban gearbeitet. Sieben Jahre für Rahels Hand. Für Jakob ist die Arbeit nicht schwer gewesen, für Jakob ist die Zeit nicht lang geworden. So lieb hat er Rahel.

»Rahel, komm, komm mit! Dann sind wir endlich allein!« Die Braut folgt Jakob. Er hat ein Hochzeitszelt gebaut. Die Braut ist tief verschleiert. Er sieht nicht einmal ihre Augen. »So ist es Brauch«, sagt Laban, ihr Vater.

»Rahel, komm!« Erst am Morgen darf Jakob das Gesicht seiner Braut sehen. Da ist sie längst seine Frau. Langsam zieht er den Schleier von ihrem Gesicht. – Und schreit vor Wut! »Laban! Wo ist Laban? Ich bring ihn …« Er spricht die Drohung nicht zu Ende. Das Band an seinem Handgelenk ist schwer.

Die Frau hinter dem Schleier ist Lea. Zu spät, zu spät sieht er sie an. Sie ist schon seine Frau. »Rahel!«, ruft Jakob. »Rahel, komm!« Da kommt sie angelaufen. Die Locke fliegt, die Augen blitzen. »Oh Jakob!«, ruft sie. »Lea! Seid ihr glücklich?« Jakob sieht sie wütend an. »Wie sollten wir!? Ich wollte dich!«

Hell klingt Rahels Lachen. »Und ich dich!«, sagt sie. »Jedoch so ist es Brauch: Erst heiratet die Erste, dann die Zweite.« Rahel hat einen Plan. »Du kannst zwei Frauen heiraten, Jakob. Das ist Brauch. Frag Vater: Dann gibt er dir auch mich.«

Genesis 29, 1–30

Das Ringen um den Segen

»Machst du dir Sorgen, Jakob?«, fragt Lea eines Abends. Sie sitzen am Feuer, umgeben von Herden. Jakob hat sie von Laban erworben. Sie zelten am Ufer des Flusses Jabbok. Am anderen Ufer liegt es: das *Gelobte Land*. Esau, Jakobs Bruder, lebt auch dort.

»Was wird mein Bruder tun?«, fragt Jakob. »Damals, als ich floh, war er mein Feind.« Lea berührt sein Handgelenk. »Das ist sehr lange her«, sagt sie. Zweimal sieben Jahre ist es her, seit Jakob zum Segensdieb wurde. Sieben Jahre hat er für Laban gearbeitet und Lea bekommen. Noch einmal sieben Jahre hat er gearbeitet für Rahel.

›Rahel, komm, komm, Rahel.‹

Rahel kommt nicht mehr. Bei der Ankunft im Gelobten Land ist sie gestorben. Zwei Kinder hat sie geboren: Josef und Benjamin. Lea hat zehn Söhne. Und eine Tochter. Dina.

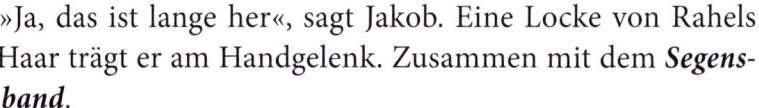

»Ja, das ist lange her«, sagt Jakob. Eine Locke von Rahels Haar trägt er am Handgelenk. Zusammen mit dem *Segensband*.

›Was soll aus uns werden?‹, denkt Jakob. Mitten in der Nacht ist er aufgestanden. Er ist hinunter zum Fluss gegangen. Mit den Füßen steht er im Wasser. Der Himmel über ihm ist schwarz und stumm.

Am Morgen wird Jakob Esau gegenüberstehen. ›Wir sind Zwillinge.‹ Jakob hat Boten vorausgeschickt, Boten mit reichen Geschenken. ›Was soll aus den Kindern werden, wenn Esau mich erschlägt?‹ Jakob tastet nach dem Segensband.

»Gestohlener Segen nützt nichts. Du musst ihn erringen.« Jakob hört eine Stimme. Aber niemand ist zu sehen. »Wer sagt das?«, ruft Jakob laut.

Auf einmal steht da ein Wesen aus Schatten, gleich neben ihm, im Fluss. Es hebt die Arme und greift Jakob an. Jakob weiß nicht, was geschieht. Jakob kämpft. Er ringt. Er gibt nicht auf.

Sie kämpfen bis zum Morgen. Jakob ist verletzt. Besiegt ist er noch nicht. »Nun lass mich gehen, Jakob«, sagt das Wesen. »Es wird Tag!« Jakob aber hält fest. »Ich lasse dich nicht. Erst, wenn du mich segnest.« Sein Gegner lacht. »Du bist gesegnet, Jakob. Und höre: deinen neuen Namen.«

»Einen neuen Namen, Herr?«

»Von nun an heißt du Israel.«

»Israel, Herr?«

»Das heißt: Der mit Gott kämpfte und sich nicht geschlagen gab.«

Als die Sonne aufgeht, hinkt Jakob aus dem Fluss. Und Lea tritt an seine Seite. »Was soll aus uns werden, Jakob?«, fragt sie. »Gott weiß es«, sagt Jakob-Israel.

Genesis 32, 23–33

Im Licht des Tages

»O du mein Gott: Geh mit!« Schritt für Schritt geht Jakob-Israel durch den Fluss.

Lea und die Kinder, die Zelte und die Herden hat er zurückgelassen. Am anderen Ufer warten wilde Männer. Esaus Hirten sind es, viele. Sie haben Stecken und Schleudern zum Kampf.

Mitten im Fluss hebt Jakob den Blick. Auf einmal sieht er ihn, im Licht der Sonne: Esau. Da, zwischen seinen Hirten, da steht Jakobs Bruder. Er wartet. Er sieht ihm entgegen. Langsam geht Jakob-Israel weiter. ›O mein Gott!‹

Bis an den Rand des Wassers kommt Esau Jakob entgegen. Sein Gesicht glänzt in der Sonne. »Ich brauche deine Geschenke nicht, Jakob!«, ruft er plötzlich. »Aber, weißt du: Ich brauche einen Bruder!« Auf einmal ist Esau wie ein *Wesen aus Licht*.

Wild, wie er immer war, reißt Esau Jakob-Israel in seine Arme. »Esau!«, ruft Jakob-Israel matt. »Du bringst mich um!« Und dann lachen die Zwillinge, beide.

Genesis 33, 1–4.18–20

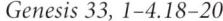

Wie Josef seiner Familie zum Segen wurde

Komm mit in Jakob-Israels Haus, in die große Familie des Mannes, der Segen
gewonnen hat. Seine Lieblingsfrau aber hat er verloren.
Stell es dir vor: Zwölf Söhne hat Jakob. Stell es dir vor: zwölf Brüder. Und Dina.
Dina ist das einzige Mädchen. Josef ist der Lieblingssohn. Denn er ist Rahels Kind.
Zehn Söhnen gibt der Vater Arbeit. Seinem Sohn Josef gibt er Geschenke.
(Rahels zweiter Sohn, Benjamin, ist noch zu klein.)
Dina schaut zu. Dina kann alles erzählen …

Der Lieblingssohn

»Träumer!« Sie rufen ihn immer Träumer! Es klingt nicht so, wie er es hören will. Es klingt, als ob sie ihn verachten. Er aber ist so stolz auf seine Träume. Seine Träume trösten ihn, wenn er traurig ist. Denn seine Mutter, Rahel, ist tot.

Er – das ist Josef, Jakobs Lieblingssohn.

Zehn Söhne sind älter und stärker. Und Lea, ihre Mutter, lebt. Lea ist auch meine Mutter. Ich bin Dina. Ich sehe zu. Ich sehe, wie die Wut wächst.

Josefs erster Traum war schlimm genug. »Ich sah im Traum Garben von geerntetem Getreide«, hat Josef gesagt. »Und eure Garben verneigten sich vor der, die in der Mitte stand. Und das war meine!«

Und dann der zweite Traum: »Ich sah im Traum die Sterne, den Mond und die Sonne«, hat Josef gesagt. »Und alle haben sich verneigt – vor mir!« Das hat sogar unseren Vater geärgert. Der Mond und die Sonne, das waren ja Mutter und er.

Das Dritte jetzt, das ist zu viel: Vater schenkt Josef einen bunten Mantel. Und meinen Brüdern nichts. Ich sehe Wut in ihren Augen. Sie können es nicht mehr ertragen. »Josef«, will ich sagen, »Josef, pass nur auf!«

»Josef!«, sagt unser Vater eines Tages. »Du hast einen Auftrag.« Ich atme auf. Endlich hat unser Vater auch einmal Arbeit für Josef. »Geh hinaus auf die fernen Weiden«, sagt Vater, »und sieh nach deinen Brüdern. Sie bleiben lange fort. Bring ihnen Brot und Wein.«

›Gut‹, denke ich noch. Ich sehe ihm nach. Da sehe ich es: Josef trägt den bunten Mantel! Ich habe den Kleinen an der Hand, Benjamin, Rahels letztes Kind. Und mein Schrei klingt leise: »Josef, nicht!«

»Jo!«, ruft der kleine Benjamin. »Jo-Jo!«

Genesis 37, 1–14

Im tiefen Loch

»Vater, machst du dir Sorgen um meine Brüder?«, frage ich Vater eines Abends. Sie sind schon lange fort. Ein Feuer brennt. Wir sitzen draußen. In Jakobs Arm schläft Benjamin. Und Lea, meine Mutter, näht. »Um Josef«, sagt Jakob-Israel. »Er war noch nie so lange fort.«

Auf einmal wird die Nacht zum Tag. Zehn Brüder kehren heim. Ich laufe ihnen entgegen. Ich umarme sie und küsse sie. Ich sehe sie gern. »Willkommen!«, ruft Lea. »Willkommen zu Hause!« Mein Vater aber fragt nur eines: »Wo ist Josef, euer Bruder?«

Mein dritter Bruder, Levi, antwortet kühl: »Bin ich denn seine Kinderfrau?« Mein zweiter Bruder, Simeon, tritt vor. »Vater, sieh, was wir gefunden haben!« Er zeigt einen Fetzen Stoff. Es ist ein bunter Stoff und er ist zerrissen und blutig.

»Josef!«, schreit Jakob. »O mein Sohn Josef!« Er hat den Stoff erkannt. Das ist einmal Josefs Mantel gewesen. »Ein wildes Tier hat ihn zerrissen«, sagen meine Brüder. Benjamin weint. Und Vater auch. ›Rahel, komm, komm, Rahel …‹

Ich aber sehe Ruben, meinen ersten Bruder, an. ›Da

stimmt etwas nicht‹, denke ich. Der erste Bruder spricht zuerst, so ist es Brauch. Aber Ruben, mein erster Bruder, schweigt.

»Ruben, machst du dir Sorgen um Josef?«, frage ich in der Nacht. Ich habe mich nach draußen geschlichen. Und da steht Ruben und schaut in den Himmel. Schwarz ist der und stumm. »Josef ist tot«, sagt Ruben, »du hast es gehört!«

»Ich glaube, das stimmt nicht«, sage ich. Ruben beißt sich auf die Lippen. »Du hast recht, Dina«, sagt er. »Komm mit.« Wir gehen hinaus in die Nacht, nur er und ich. Ich frage nicht, wohin. Und dann erzählt er mir die Geschichte.

Sie waren schon auf dem Rückweg. Sie rasteten an einem alten Brunnen. Der war leer. Der Brunnen hatte einen schweren Deckel. Asser und Sebulon, die Jüngsten, kletterten darauf herum. Auf einmal stieß Dan, der fünfte Bruder, einen Pfiff aus. »Seht mal, wer da kommt!« Und sie sahen es alle: Langsam, träumend und summend, kam da ein Junge in Sicht. Der bunte Mantel glänzte in der Sonne. »Der Träumer!«, zischte Juda.

Auf einmal waren alle Fäuste geballt. »Wir bringen ihn …!« Aber Ruben, der erste Bruder, ließ sie nicht aussprechen. »Nein!«, rief er. »Das dürfen wir nicht!« Die Brüder hörten auf ihn. »Aber wir machen ihm Angst!«, schlug Simeon vor. »Ja, wir machen ihm Angst!«, riefen alle. Und Ruben sagte nichts mehr. Die Brüder hoben den schweren Deckel vom Brunnen. Dann warteten sie auf Josef. Und als er ankam, summend, träumend, da packten sie ihn. Sie schlugen ihn. Sie rissen ihm den bunten Mantel ab. Sie warfen ihn in den leeren Brunnen. Und legten den schweren Deckel darüber. Träum schön, Josef …

»Dann sind wir weitergezogen«, sagt Ruben. »Den bunten Mantel beschmierten wir mit Blut von einem Schaf.« Er sieht nicht glücklich aus. Ich tröste ihn. »Du hast von Anfang an gedacht, ihn später zu befreien.« Ruben nickt. »Aber der Vater«, sagt er, »seine Tränen!« »Was meinst du, wie er sich freuen wird!«, sage ich. »Stell dir vor: Sein Sohn war tot – und wird wieder lebendig!«

Wir laufen immer schneller. »Da!«, **35**

sagt Ruben endlich und zeigt auf einen dunklen Schatten. »Da, das ist der Brunnen!«
Ein paar Sterne geben Licht. »Der Deckel ist offen«, sage ich. Dann sehen wir es: Der
Brunnen ist leer.

Ruben, mein erster Bruder, sinkt bei dem Brunnen zu Boden. Er zittert. Er weint.
»Was soll nun werden? O Gott, was habe ich getan?« Ruben kennt die Geschichten von
Gott dem GROSSEN BEGLEITER. Ruben ist der Erste. Er wird einmal Vaters *Segensband*
erben.

Ich zünde eine Fackel an. Ich suche am Brunnen nach Spuren. »Eine Karawane war
da«, erzähle ich Ruben. »Denkst du, sie haben Josef befreit?«

»Eine Karawane?« Ruben sieht auf. »Aber wo – wo ist Josef?«

Genesis 37, 18–36

Im fremden Land

Komm mit nach Ägypten, in das Land der Pyramiden. Das Land, in das die Kara-
wane zog. Es ist ein heißes Land, eigentlich wäre da nichts als Wüste. Aber ein
mächtiger Fluss fließt mitten hindurch, der Nil. Der Nil bringt Fruchtbarkeit. Er
bringt das Korn zum Wachsen. Er bringt Obst und Gemüse zum Wachsen. Und
Palmen mit ihren langen Stämmen und ihren grünen Köpfen. Da hängen Datteln,
büschelweise.
Am Nil sind nicht nur Felder und Gärten. Am Nil sind auch Paläste. Fürsten
leben am Nil mit ihren großen Familien. Mit Frauen und Kindern und vielen
Sklaven. Die Sklaven müssen die Arbeit tun. Sie sind nicht frei, sie sind gefangen.
Sie bekommen kein Geld. Sie gehören ihren Herren.
Die junge Sklavin Leila hat es da noch gut. Der Herr, Potifar, ist gerecht. Und seine
Frau, die Herrin, hat das Mädchen gern. Sie gibt Leila leichte Arbeit. Dann, eines
Tages, bringt Potifar einen neuen Sklaven ins Haus. Leila erzählt, was geschieht …

Der neue Sklave

»Das ist Josef«, sagt Herr Potifar, als sich sein Haushalt versammelt hat. Die Herrin tritt an seine Seite. Ich beeile mich, ihr zu folgen. Meine Arbeit ist es, ihr Luft zuzufächeln. Ich habe einen großen Fächer aus Pfauenfedern.

Josef ist kein Ägypter. Das sehe ich sofort. »Er ist aus Kanaan«, sagt der Herr. Josef ist älter als ich, fast erwachsen. Er sieht gut aus, sehr gut. Wie ein Sklave sieht er nicht aus. Sklaven senken den Blick. Josef aber schaut sich um – mit großen Augen. Als sein Blick auf mich fällt, lächle ich ihm zu. Er nickt und lächelt auch.

»Was hat er gekostet?«, fragt die Herrin. Herr Potifar nennt einen Preis. »Händler haben ihn aus einem Brunnen gezogen«, erzählt er. »Können wir ihn brauchen?«, fragt die Herrin.

»Josef, komm, komm her!«, ruft die Herrin eines Mittags. Josef sitzt mit mir im Garten. Wir machen Pause und erzählen uns Geschichten. Die Jahre sind vergangen. Josef ist schon lange in Potifars Haus. Er hat gelernt, so zu sprechen wie wir. Er hat gelernt, ein Sklave zu sein. Josef ist ein sehr guter Sklave. Herr Potifar sagt: »Josef ist meine *rechte Hand*.« Wenn Herr Potifar auf Reisen ist, übernimmt Josef die Arbeit des Herrn.

Josef erzählt mir von seinem Land und von seinen Brüdern. Sie haben ihn in den Brunnen geworfen. Er erzählt von seinen Träumen und von einem bunten Mantel. »Dein neues Kleid ist bunt genug«, sage ich. Josef lacht. Es ist wahr. Der Herr Potifar hat ihm neulich ein neues Kleid gegeben. Das ist viel schöner als Sklavenkleider.

»Josef, komm, komm her!«, ruft die Herrin. Da ist sie schon. Josef steht auf. Er verneigt sich vor ihr. ›Sie ist wütend‹, denke ich. Ich beeile mich, mit meinem Pfauenfächer zu wedeln. Aber dann sehe ich: Die Herrin lächelt Josef zu. »Gib Josef deinen Fächer, Leila!«, befiehlt die Herrin mir. »Heute soll Josef für mich fächeln. »Komm, Josef, komm …«

»Wo ist Josef?«, fragt der Herr Potifar. Er ist nach Hause gekommen und findet mich im Garten. Bevor ich antworten kann, eilt schon die Herrin herbei. »Sieh, Potifar!«, ruft sie. Sie trägt ein Kleid über dem Arm. Ich erkenne es gleich: Es ist Josefs. Und dann erzählt die Herrin eine Geschichte.

»Dein Sklave, Potifar! Er wollte mich küssen! Ich habe mich gewehrt. Als ich um Hilfe gerufen habe, ist er geflohen. Sieh hier: Sein Kleid ließ er in meiner Hand!«

Da brüllt der Herr Potifar vor Wut. Er ruft nach den Wachen. »Werft Josef, meinen Sklaven, ins Gefängnis!« Ich aber sehe die Herrin an. ›Da stimmt etwas nicht‹, denke ich.

Genesis 39, 1–18

Gefangen

»Wo ist Josef?«, frage ich den Herrn des Gefängnisses. Ich habe die Erlaubnis, Josef zu besuchen. Lange ist Josef nun schon im Gefängnis. Herr Potifar hat eine neue **rechte Hand**. Der Wächter führt mich viele Stufen hinab. Bis vor eine Gittertür. »Josef!«, ruft er.

Wir müssen warten. »Josef ist meine rechte Hand«, erzählt der Herr des Gefängnisses mir. »Er hilft mir bei den Gefangenen, vor allem bei den neuen.«

»Neue Gefangene?«, frage ich. »Diener des Königs, unseres *Pharao*«, sagt der Herr des Gefängnisses, »sein erster Kellner und sein erster Bäcker.«

Da kommt Josef an die Gittertür. Er lächelt mir zu. »Komme ich frei?«, fragt er. Ich

schüttele den Kopf. »Du hast die Herrin schwer ge-kränkt«, sage ich. Josef nickt. »Ich weiß«, sagt er. »Ich wollte sie nicht küssen.«

Josef erzählt mir von den Dienern des Pharao. »Sie hat-ten Träume«, sagt er, »aber sie konnten sie nicht deuten.« Ich horche auf. Träume bedeuten etwas, das glauben wir alle. »Aber du«, frage ich, »du konntest es?« Josef sieht mich ernst an. »Nicht aus eigener Kraft«, sagt er. »Gott ist der Grosse Traumdeuter.«

»Welcher Gott?«, frage ich. Wir in Ägypten kennen viele Götter.

Josef erzählt mir vom Gott seiner Väter, dem Herrn des Segens, dem Grossen Begleiter. Er erzählt mir von dem *Segensband* und wie es sich vererbt. »Dann wird es Ruben erben?«, frage ich. Ich weiß: Ruben ist der Erste. Er hätte Josef aus dem Brunnen ziehen müssen. »Das weiß nur Gott«, sagt Josef.

Josef erzählt weiter von den Dienern des Pharao. »Sie erzählten mir ihre Träume«, sagt Josef, »und auf einmal wusste ich, was sie bedeuten. Ich glaube: Gott der Traum-deuter hat mir geholfen.« Ich bin gespannt. »Und was«, frage ich, »haben die Träume bedeutet?« Josef sagt es mir: »Noch drei Tage, dann kommt der Kellner frei. Der Bäcker aber muss sterben.«

Genesis 40, 1–23

Träume des Pharao

»Wo ist Josef?«, fragt eines Tages ein Bote des *Pharao*. Viel Zeit ist vergangen, seitdem der Kellner freigekommen ist – der Bäcker aber musste sterben –, und noch immer ist Josef im Gefängnis. Er hat die Herrin allzu schwer gekränkt. »Josef soll zum Pharao!«, ruft der Bote. »Wascht ihn und kleidet ihn! Und schneidet ihm die Haare!«

»Was will der Pharao von Josef?«, frage ich den Boten. »Der Pharao hat einen Traum gehabt«, erzählt mir der Bote. »Aber er kann ihn nicht deuten. Der erste Kellner sagt, dass Josef Träume deuten kann.« Ich nicke. Und ich denke mir: ›Nicht Josef. Aber Josefs Gott.‹

»Was hat der Pharao geträumt?«, frage ich. »Von sieben fetten Kühen«, sagt der Bote. »Die stiegen aus dem Nil. Sieben magere Kühe folgten. Und dann das: Die mageren Kühe haben die fetten verzehrt. Und weiter: sieben Ähren, voll und dick, und sieben dürre Ähren haben sie verschlungen.«

Da kommt Josef aus dem Haus. Er ist rasiert, sein Haar ist gekämmt. Er trägt ein buntes Kleid. Gut sieht er aus, sehr gut. Ich kann verstehen, dass ihn die Herrin küssen wollte. Er lächelt mir zu. Ich lächle auch und winke. »Viel Glück, Josef, Sohn Israels. Leb wohl.«

Ich sehe Josef nie wieder. Aber ich höre, was er getan hat: Er hat den Traum des Pharao gedeutet. »Noch sieben fette Jahre«, hat Josef zum Pharao gesagt, »dann kommen sieben dürre Jahre. Sei also klug und fülle alle Scheunen.«

Genesis 41, 1–36

Die Hungersnot

Komm mit in das Gelobte Land, komm mit zurück zu Jakob und seinen Söhnen. Und zu Dina, seiner Tochter.
Sehr viel Zeit ist vergangen. Sieben Jahre und noch drei. Seit drei Jahren hat es nicht mehr geregnet. Das Gras ist verdorrt, die Brunnen sind trocken. Kein Korn wächst mehr auf den Feldern. Ziegen und Schafe verhungern und verdursten.
Und mit ihnen die Menschen.
Höre, höre, was Dina, Jakobs Tochter, erzählt …

Die rechte Hand des Pharao

»Machst du dir Sorgen um meine Brüder?«, frage ich eines Abends unseren Vater. Wir sitzen am Feuer vor dem Zelt. Benjamin flötet und meine Kleine – ich habe inzwischen ein Kind – weint auf meinem Schoß. Ich bin zu hungrig, um sie zu stillen.

»Um Ruben und die anderen«, antwortet Vater. »Sie sind schon viel zu lange fort.« Seine Stimme ist zittrig geworden. »Die Reise nach Ägypten ist weit, Vater«, sage ich.

Denn Jakob hat seine Söhne nach Ägypten geschickt, alle außer Benjamin. Wir haben erfahren, dass es in Ägypten noch Korn gibt. Sie sollen welches kaufen.

Auf einmal wird die Nacht zum Tag. »Vater! Vater!«, rufen Stimmen. Da sind sie, meine Brüder! Ich laufe ihnen entgegen. Die Esel tragen schwer. Korn aus Ägypten! »Willkommen!«, rufe ich. »Willkommen, alle …« – ›zehn‹, will ich sagen. Aber dann zähle ich: Sie sind nur neun. »Wo ist Simeon, euer Bruder?«, fragt Vater.

Mein zweiter Bruder fehlt. Der erste, Ruben, senkt den Kopf. »Er ist noch in Ägypten, Vater«, sagt er. Und Levi, der dritte, erzählt, was in Ägypten geschah.

Da war ein Mann in einem bunten Kleid, die rechte Hand des Pharao. Wir hörten: Der verteilt das Korn. Wir fielen vor ihm nieder. Und Ruben sprach für uns. Er aber wollte nichts hören. Er sagte, dass wir Feinde seien, Spione aus der Ferne. – Vater, was sollten wir tun? – Wir haben geschworen, wir haben gefleht. Am Ende gab er uns Korn. Aber Simeon behielt er als Geisel. Er sagt: Wenn wir jemals wiederkommen, dann sollen wir Benjamin mitbringen, den Jüngsten. Nur dann kommt Simeon frei.

Vater kann sich über das Korn nicht freuen. Das neue **Unheil** trifft ihn hart. Und Benjamin lässt er nicht aus den Augen. ›Komm, Rahel, Rahel, komm!‹

Ich aber sehe Ruben an. ›Da stimmt etwas nicht‹, denke ich. Der Mann mit dem bunten Kleid – sollten wir ihn nicht kennen?

»Ruben, machst du dir Sorgen um Josef?«, frage ich in der Nacht. Ruben steht draußen und schaut in den Himmel. Schwarz ist der und stumm. »Josef ist tot«, sagt Ruben. »Wie kommst du auf Josef, Dina?«

Ich sehe ihn an. »Vielleicht wurde Josef damals verkauft?«, sage ich. »Vielleicht nach Ägypten?« Ruben hebt beide Arme. »O mein Gott!«, ruft er. »Wie lange fehlt uns schon dein *Segen*!« Da ist es mir, als hörte ich eine Stimme. »Wartet es ab«, höre ich. Und ich spüre eine Berührung.

Genesis 42–45

»Auf nach Ägypten, Israel!«

»Machst du dir Sorgen um Benjamin, Vater?«, frage ich eines Abends. Ich muss gar nicht fragen. »Er war noch nie so lange fort«, sagt Jakob. Er hält meine Kleine im Schoß. Sie schläft.

Noch drei lange Jahre hat es nicht geregnet. Ob Vater wollte oder nicht – meine Brüder mussten noch einmal nach Ägypten. »Nicht ohne Benjamin«, hat Ruben gesagt. »Nicht mit ihm!«, bat Vater. Da hat Ruben geschworen: »Ohne Benjamin komm ich nicht heim! Eher will ich sterben, Vater, als auch noch Benjamin zu verlieren.« Vater hat Ruben geglaubt. Aber trotzdem hat er Angst. ›Rahel, komm, komm, Rahel!‹

Da wird die Nacht zum Tag. Ein Wagen fährt vor, er wird von Ochsen gezogen. Ich kenne den Kutscher nicht und auch nicht die Männer, die ihn begleiten. Dann aber, auf einmal: Benjamin! Und meine Brüder, alle zehn! »Willkommen!«, rufe ich. Vater reißt Benjamin in seine Arme.

Ich aber sehe Ruben an. »Dann stimmt es?«, frage ich. »Vater«, sagt Ruben, »Josef lebt! Er schickt dir diesen Wagen. Er will, dass wir alle nach Ägypten ziehen. Dort gibt es Korn, Korn genug für uns alle!«

»Wo ist Josef?«, fragt Vater Tag und Nacht. Er sitzt auf dem Wagen, den Josef geschickt hat. Wir fahren nach Süden, ins Land des Korns. Jakob will nur eines: Josef wiedersehen. »Mein Sohn war tot – und soll ich glauben: Er lebt!?«
›Rahel, komm, komm, Rahel!‹

Ruben weicht nicht mehr von Vaters Seite. Auch Juda und Simeon sind nicht fern. Es tut ihnen immer noch weh: Josef, immer nur Josef! Aber heute packt sie nicht mehr die Wut.

Und da, da kommt uns einer entgegen. Ein schöner Mann in einem bunten Kleid. Meine Brüder verneigen sich tief. ›Josef, Träumer – da bist du!‹

Vater breitet seine Arme aus. Sein Gesicht strahlt heller als die Sonne. »Josef, o mein Sohn Josef!« Wir anderen stehen dabei. »Mein Sohn war tot – und er lebt!« Auf einmal sind wir alle froh.

»Josef«, sagt Ruben später. »Du könntest uns bestrafen.« Josef lässt seinen bunten Mantel fallen. »Meine Brüder«, sagt er, »und Dina, meine Schwester! Wisst ihr, was *Segen* ist? Ihr meintet es böse mit mir – aber GOTT, DER GROSSE LENKER: Er machte es gut.«

Vater hebt den Arm. »Kommt, meine Söhne«, sagt er. »Fasst mich alle an. Spürt ihr etwas, fühlt ihr es?« Ich bin die Erste, die es spürt: »Das *Segensband*«, sage ich.

Er nennt sie alle beim Namen: Ruben, Simeon, Levi und Juda. Dan und Naftali, Gad und Asser. Issachar und Sebulon, Josef und Benjamin. Ich bin die Einzige, die Jakob nicht gerufen hat.

»Ihr alle«, sagt Vater zu meinen Brüdern, »ihr sollt Gottes Segen erben. Ihr zwölf, ihr seid *Israels Kinder*!« Ich frage: »Und was ist mit mir?« Doch darauf hat Jakob-Israel keine Antwort.

Genesis 46, 28–30 und 49, 1–28

Geschichten von Gott dem Großen Befreier

Gott spricht: »Nimm meinen Stab und geh!«

Wer unter dem Schirm des Höchsten sitzt
und unter dem Schatten des Allmächtigen bleibt,
der spricht zu dem Herrn:
Meine Zuversicht und meine Burg,
mein Gott, auf den ich hoffe.

Denn er errettet dich vom Strick des Jägers
und von der verderblichen Pest.
Er wird dich mit seinen Fittichen decken
und Zuflucht wirst du haben
unter seinen Flügeln.

Denn er hat seinen Engeln befohlen,
dass sie dich behüten
auf allen deinen Wegen …

Aus Psalm 91

Wie Mose Israels Kinder aus Ägypten befreite

Komm mit nach Ägypten, in dieses reiche, fruchtbare Land am Nil.
Komm mit zu den Erben Jakob-Israels. Sie nennen sich Israels Kinder, Israeliten.
Auch wenn sie vergessen haben, was das bedeutet. Ein paar alte Geschichten kennen
sie noch, vom Herrn des Segens und vom Segensband, jedoch das Gelobte Land,
das haben sie vergessen.
Die Israeliten können sich an Ägyptens Reichtum nicht freuen. Sie sind Sklaven in
Ägypten, schlimmer als Sklaven. Der Pharao behandelt sie wie Feinde.
Die Israeliten leben in einem Dorf aus Hütten. Die Hütten sind klein und schlecht.
Die Israeliten müssen auf der Baustelle des Pharao arbeiten: die Mütter und die
Väter und die großen Brüder.
Nur die kleinen Mädchen sind daheim. Wie Mirjam, Amrams Tochter. Höre, was
Mirjam erzählt …

Geborgen und gerettet

Ich finde das nicht gerecht! Aaron ist mein Bruder – aber er darf nicht mit mir spielen. Papa ist groß und stark – aber er muss sich immer ducken. Mama erwartet ein Baby – aber sie kann sich nicht freuen! Ich finde das nicht gerecht.

Abends am Lagerfeuer erzählen die Alten Geschichten: von Abraham und Sara, von Isaak und Rebekka, von Jakob, Lea und Rahel, unseren Vorfahren. Die hatten große Herden, Schafe und Ziegen. Knechte und Mägde und Zelte. Ich höre zu und träume … ich träume von dem *Segensband*, von dem die Alten flüstern. Und von dem HERRN DES SEGENS. Auch wenn ich ihn nicht kenne.

Das sind alte Geschichten. Aber heute ist heute – und gleich kommen Mama, Papa und Aaron nach Hause und dann muss das Brot gebacken sein und die Suppe gekocht. Ich muss mich beeilen.

Zuerst kommen Soldaten des **Pharao**. »He du!«, rufen sie. Ich rühre in der Suppe. »Ist euer Kind schon geboren?« Ich schüttele den Kopf. »Sag Bescheid, wenn es ein Junge ist!«, ruft einer der Soldaten. »Befehl des Pharao: Ihr dürft keine Söhne mehr haben.« Ich verstehe das nicht. »Und wenn doch?«, frage ich. Da zeigt er mir sein Schwert.

›Du Herr des Segens‹, denke ich, auch wenn ich ihn nicht kenne. ›Mach, dass es ein Mädchen ist!‹ Auf einmal ist es mir, als hörte ich eine Stimme. »Warte es ab«, höre ich. Und ich spüre eine Berührung. Aber niemand ist da.

Mama hat Schmerzen. Heute muss sie nicht auf die Baustelle. Das Baby wird gleich kommen. Papa hat den ägyptischen Aufsehern gesagt: »Mama ist krank.« Und dann ist es so weit: Das Baby ist da. Ich halte es im Arm. Ich wasche es. Ich sehe es an. Da verzieht es den Mund. Will es lachen? Will es schreien? Ich wickele es in eine Windel.

»Was ist es?«, fragt Mama. »Ein Kind«, sage ich, »ein wunderbares Kind!« Ich lege es in ihre Arme. »Mädchen oder Junge?«, fragt Mama. Da erst erinnere ich mich an die ägyptischen Soldaten, an das Gesetz des Pharao. »Es ist ein Kind«, sage ich.

Papa und Aaron kommen. »Was ist es?«, fragt Vater. »Ein Kind!«, sagt Mama. »Ein wunderbares Kind.«

»Ja, aber …?«, fragt Papa. »Sonst nichts«, sagt Mama. Sie hat das Kleine im Schoß. Sie lächelt mir zu. Aaron setzt sich zu Mama aufs Bett. Er sieht das Kleine an. »Können wir es behalten?«, fragt er. Mama schweigt. »Wir müssen es verstecken«, sage ich. Da wissen Aaron und Papa: Es ist ein Junge. Papa geht zur Tür. Nach allen Seiten schaut er sich um. »Wir sagen besser, es ist tot.«

Es geht nicht mehr. Das Kind ist schon drei Monate alt. Es will sich nicht mehr verstecken. Und tot – tot ist es ganz sicher nicht. Ich sehe ständig Soldaten. Ich sehe überall Schwerter. Es geht nicht mehr. Wir sind nicht länger sicher.

Mama hat angefangen, aus Binsen einen Kasten zu flechten. Sie nennt ihn kleine *Arche*. Ich weiß nicht, was das ist, vielleicht ein Wort aus einer der alten Geschichten. »Was soll das?«, frage ich. »Willst du nicht lieber einen Plan machen, um das Kind zu retten?«

»Diese Arche ist der Plan«, sagt Mama. Sie beschmiert den Kasten mit Pech. Sie macht auch einen Deckel.

Im Morgengrauen legt sie das Kind hinein. »Jetzt rasch«, sagt sie zu mir. »Verbirg die Arche im Schilf des Nils. Und dann versteck dich und sieh, was geschieht.« Papa und Aaron kommen herein. Sie müssen zur Arbeit.

Ich trage die Arche mit dem Kind. Papa hält mich auf. Er hebt seine Hand über das Kind. »Sei behütet«, sagt er feierlich. Ich sehe die Träne, die ihm langsam über die Wange läuft. Aaron ballt eine Faust. »Ich bring sie alle …«, droht er. Aber Mama legt ihm den Finger auf die Lippen. »Gib acht!«, sagt sie zu Aaron. Und zu mir.

Über dem Schilf tanzen die Mücken. Auf dem flachen Wasser zwischen dem Schilf tanzt die kleine Arche. Ich sitze im Schilf und schaue zu. Seit Stunden sitze ich schon hier. Es ist hell geworden und heiß. Die Mücken stechen mich, mein Hals ist trocken. Aber ich rühre mich nicht. Ich gebe acht.

Das Kind in der Arche weint nicht. Vielleicht wird es gern geschaukelt. Und noch, noch hat es

keinen Hunger. Ich weiß nicht, was Mama sich gedacht hat. Ich weiß nicht, wie das weitergeht. Ich warte ab.

Auf einmal ist die Ruhe dahin! Ich höre Mädchenstimmen. Rufen, Singen, Lachen. Sie kommen näher und dann sind sie auch schon da. Eine ägyptische Prinzessin. Und ihre Freundinnen. Sie tragen Tücher und Körbe. Essen und Trinken. ›Mama‹, denke ich, ›ist das etwa ihre Badestelle?‹ Sie werden die Arche finden. Und das Kind. ›Mama, ist das dein Plan!?‹

»Schaut nur!«, ruft die Prinzessin. »Da schwimmt etwas im Wasser! Holt es! Zeigt es mir!« Und dann kommt der Augenblick, wo sie den Deckel heben. Ich halte den Atem an. Ich halte still. Und die Prinzessin sieht das Kind. Vielleicht lacht es sie an. Die Prinzessin strahlt und klatscht in die Hände. »Wie lieb! Wie wunderbar! Ein Kind!«

»Das ist bestimmt ein Sohn der Fremden«, sagt eine der Freundinnen. »Du weißt schon: Sie müssen sterben!«

›Nein‹, denke ich, ›o HERR DES SEGENS, nein.‹

»Nein!«, sagt die Prinzessin. »Dieses nicht! Ich will es behalten!«

Das ist der Augenblick, als das Kind anfängt zu weinen, zu schreien: Hunger und Angst. Die Prinzessin zuckt zusammen. Ihre Freundinnen legen sich die Hände auf die Ohren. »Ich will's behalten!«, ruft die Prinzessin über den Lärm hinweg. »Aber irgendjemand muss es stillen!«

Da springe ich aus dem Schilf. »Ich weiß!«, rufe ich. »Ich weiß eine Frau, die es stillen kann! Sie hatte gerade selbst ein Kind!«

›Ist das dein Plan gewesen, Mama?‹, denke ich. Ich laufe auf die Baustelle, um sie zu holen. Sie soll von nun an der Prinzessin dienen. Das Kind soll sie stillen, das Kind der Prinzessin.

›Ist das dein Plan gewesen, Mama? Oder ist es *Segen*?‹

Die Prinzessin hat gesagt, das Kind soll Mose heißen. Ich weiß, was das bedeutet: »Ich habe ihn aus dem Wasser gezogen.«

Exodus 1, 1–14.22 und 2, 1–10

»Wenn das der Pharao erfährt!«

Ich finde das nicht gerecht! So viele Jahre sind vergangen. Und noch immer sind wir Sklaven in Ägypten. Immer mehr und immer härter wird die Arbeit. Immer strenger werden die Aufseher des *Pharao*. Sie schreien. Sie schlagen. Ich finde das nicht gerecht.

Abends am Feuer höre ich die jungen Männer flüstern. »*Segen* reicht nicht mehr. Die Ägypter machen jeden Segen kaputt. Was wir jetzt brauchen, ist Befreiung.«

»Wir sollten fliehen«, sagen sie, »heimlich verschwinden, in die Wüste.«

»Und dann?«, fragen sie. »Und dann, Aaron? Wo sollen wir hin?« Mein Bruder ist bei denen, die am Feuer flüstern. Ich gebe acht, dass die Soldaten sie nicht hören.

Auch Mose ist manchmal dabei. Er ist gern mit Aaron zusammen. Aber immer nur heimlich. Die Prinzessin sieht ihn nicht gern bei uns. »Du bist ein Ägypter, Mose«, sagt sie ihm wieder und wieder. »Du bist ein Kind Israels«, sagt Papa zu Mose. Aaron sagt es auch. »Die Prinzessin hat dich gerettet«, sagt Mama zu Mose. Ich sage das auch. Aber wie auch immer: Es ist nicht gerecht.

Es geht nicht mehr. Ich spüre es: Mose kann es nicht mehr aushalten. Dort die Ägypter, hier die Israeliten – und Mose steht dazwischen! Ich spüre, wie die Wut wächst. Ich gebe acht. Ich fürchte, Mose wird nicht mehr stillhalten.

Es ist Abend, die Feuer brennen. Ich rühre in der Suppe, ich lausche auf die leisen Gespräche. Und dann höre ich, was ich gefürchtet habe. »… erschlagen«, höre ich, »erschlagen und verscharrt.« Ich höre: »Wer?« und höre die Antwort: »Mose war's. Er hat einen Aufseher erschlagen.« Und dann noch: »Wenn das der Pharao erfährt, wird er ihn töten.«

Ich weiß, wo ich Mose finden kann. Die Badestelle der Prinzessin ist sein geheimer Ort. Da geht er hin, wenn er allein sein will. Und Aaron nimmt er mit. Ich schleiche mich dorthin. Meine Brüder sehen mich erst, als ich mich zwischen sie setze.

»Hör zu, Mose, du musst fliehen!«, sage ich. »Noch heute Nacht.« Ich erzähle Aaron und Mose, was ich gehört habe. »Es ist schlimmer, als ich dachte«, sagt Mose. »Es ist nicht gerecht«, sagt Aaron.

»Wohin soll ich gehen?«, fragt Mose. »Weg«, sage ich, »einfach nur weg.« Ich habe ihm ein Bündel mitgebracht: eine Decke, Brot und Wein. Und einen Armreif. Zum Tauschen.

Mose hört auf mich. Aaron und ich halten uns an den Händen, als Mose, unser Bruder, leise in der Dunkelheit verschwindet. Wir sehen zum Himmel. Der ist schwarz und leer. »Sei behütet«, sage ich. Und Aaron schwört: »Eines Tages, Mirjam, eines Tages werden wir uns befreien!« Ich denke an die Soldaten, an die Schwerter. »Aus eigener Kraft, Aaron?«, frage ich. »Das glaube ich nicht.«

Exodus 21–22

Zurück aus der Ferne

Ich finde das nicht gerecht! Wie Aaron mich behandelt! Wie ein Kind. Aber es sind sieben Jahre vergangen, seit Mose fliehen musste, und ich bin genauso erwachsen wie Aaron!

Es ist Nacht, schwarze Nacht, die Eltern schlafen. Aaron schläft nicht. Er ist draußen bei der Asche des Feuers. Ich stelle mich zu ihm. »Aaron, was ist?« Er will mir nichts sagen. »Geh wieder hinein, Mirjam«, sagt er. »bleib hier und gib acht.«

Da weiß ich: Er will fortgehen. Ich bleibe wach. Und als er losgeht, folge ich. Der Him-

mel ist schwarz. Aber es leuchten doch ein paar Sterne. Aaron verlässt das Dorf, er lässt die Baustelle hinter sich. Und auch die Badestelle.

Und dann – dann kommt ihm jemand entgegen. Ein Mann mit langem Haar und einem Hirtenstab. Der Fremde und Aaron begegnen sich. Sie bleiben stehen. Sie sehen sich an. Sie fallen sich in die Arme. »Mose!«, rufe ich, als ich den Fremden erkenne. Da umarmen sie auch mich.

»Es geht nicht mehr«, sagt Mose. Wir sind in unserem alten Versteck, an der Badestelle der Prinzessin. Und Mose erzählt, was er erlebt hat, seitdem er fliehen musste. Er hat sich in ein Mädchen verliebt – »am Brunnen, Mirjam, ich schenkte ihr deinen Armreif« –, er hat für ihren Vater gearbeitet, sieben Jahre für Zipporas Hand. Er hat Schafe gehütet.

»Es geht nicht mehr«, wiederholt Mose. »Immer denke ich an euch. Dass ihr Sklaven seid, in Ägypten. Immer denke ich: Es ist nicht gerecht.«

»Wir müssen uns befreien, Mose!«, sagt Aaron. »Aus eigener Kraft?«, frage ich. Da hebt Mose seinen Stab. »Nein, Mirjam, nicht aus eigener Kraft«, sagt er. »Gott ist der GROSSE BEFREIER.«

»Der GROSSE BEFREIER!?«, fragen Aaron und ich. »Wir kennen ihn nicht.« Und Mose erzählt uns eine Geschichte.

»Geh zum Pharao!«

Mose hütete die Schafe seines Schwiegervaters Jitro. Es war am Mittag, die Sonne stand hoch. Die Hitze flimmerte auf dem trockenen Land. Mose schloss die Augen. Als er sie wieder öffnete, sah er – Feuer. Da war ein Dornbusch, ein dürrer, trockener Busch, der brannte. Hastig sah Mose sich nach den Schafen um. Feuer im trockenen Land ist gefährlich!
Die Schafe grasten friedlich. Und Mose sah den

Busch genauer an. Was für ein Wunder. Der Busch da brannte – aber er verbrannte nicht! ›Wie kann das sein?‹, dachte Mose. Und langsam trat er näher.

Auf einmal war ihm so, als werde er gehalten. »Nicht weiter«, hörte er, »nicht mit den Schuhen an den Füßen. **Heilig, heilig, heilig!** *« Und Mose zog die Schuhe aus. »Mose«, hörte er, »Mose!« Und er hörte sich antworten: »Hier bin ich!«*

»Ich bin der Gott deiner Vorfahren«, hörte Mose weiter, »der Gott Abrahams und Isaaks, der Jakobs und seiner Söhne. Ich bin der Gott des Volkes Israel. Und dein Gott, Mose.«

»Ich kenne dich nicht«, sagte Mose.

»Ich bin, der ich bin, und ich bin für dich da«, hörte er. »Das ist mein Name in Ewigkeit.« »Wie bitte?«, sagte Mose. »Ich bin, der ich bin, und ich bin für dich da.«

»Ich habe das Schreien Israels, meines Volkes, gehört«, sprach Gott weiter. »Ich habe das Elend meines Volkes gesehen. Es geht nicht mehr, Mose! Es geht nicht mehr so weiter.«

Mose hob die leeren Hände. »Wir können es nicht ändern, Herr, nicht aus eigener Kraft. Ich habe es versucht.« Er senkte den Kopf.

»Ich bin für euch da«, war die Antwort. »Geh zum Pharao, Mose. Sag ihm: So spricht Gott, der Grosse Befreier: Lass mein Volk ziehen.«

»Ach, Herr«, sagte Mose. »Ich doch nicht! Der Pharao wird mich umbringen. Und reden kann ich auch nicht …«

»Herausreden kannst du dich ganz gut, Mose«, unterbrach Gott. »Nimm meinen Stab und geh. Dein Bruder Aaron kommt dir entgegen. Und ich bin, der ich bin, und ich bin für euch da.«

Von da an war Moses Hirtenstab wie ein schwelendes Feuer. Er trieb ihn, trieb ihn voran und ließ ihm keine Ruhe mehr. Bis er sich eines Tages von seinem Schwiegervater verabschiedete, seine Frau und seinen Sohn nahm und aufbrach – zurück zur Badestelle der Prinzessin, zurück zur Baustelle des Pharao.

Exodus 2, 16–22; 3.1–20; Exodus 4, 10–20

Der Auszug

Ich finde das nicht gerecht. Mose hat seinen Auftrag von Gott – und doch will der **Pharao** ihn nicht hören. Der Pharao lässt uns nicht ziehen. Der Pharao gibt uns noch mehr Arbeit. Ich werde unruhig. Ich frage mich: Wie wird der GROSSE BEFREIER sein Versprechen halten?

»So spricht der Gott Israels: Lass mein Volk ziehen.« Schon wieder steht Mose vor dem Pharao. Aaron spricht für Mose. Ich stehe hinter ihm. »Ich denke nicht daran«, sagt der Pharao. »Wer baut dann meine Paläste?«

Es geht nicht mehr. Ich sehe, wie die Wut wächst. »Das wirst du bereuen!«, ruft Mose laut. »Wehe, deine Ernte wird misslingen. Wehe, dein Vieh wird sterben. Wehe, sogar dein erster Sohn!«

Der Pharao wird blass. »Was ist das für ein Gott!«, sagt er. ›Was bist du für ein Redner, Mose‹, denke ich. Boten kommen, sie flüstern mit dem Pharao. Ich höre: »Hagelschlag, Heuschrecken, Pest …« Am Ende sagt der Pharao zu Mose: »Weg mit euch! Ich bin es leid! So nimm dein Volk und geh!«

Auf einmal muss es schnell gehen! Ein Flüstern geht von Hütte zu Hütte: »Heute Nacht!«, »Seid bereit, macht alles bereit!«, »Noch heute Nacht geht es los«. Wir backen Brot, ungesäuertes Brot. Denn bis der Teig durchgesäuert ist, wird es zu lange dauern. Wir schlachten – jede Familie ein Lamm. Wir bestreichen die Türpfosten mit Blut. Das heißt: »Wir sind **Kinder Israels**. Wenn es Zeit ist, nehmt uns mit!«

Leise, ganz leise machen wir uns auf den Weg, heimlich, im Dunkel der Nacht. So wie damals Mose, als er floh. »Warum müssen wir fliehen?«, frage ich. »Wir haben das Recht zu gehen.« Aaron schüttelt den Kopf. »Der Pharao wird seine Meinung ändern«, sagt er voraus. »Er wird noch versuchen, uns aufzuhalten.« Mose schwingt seinen Stab. »Rasch, rasch«, flüstert er. »Solange es geht!«

Ich bin die Erste, die sie sieht! Soldaten des Pharao, die uns verfolgen! Pferde und Streitwagen haben sie, die Waffen blitzen in der Sonne. So weit sind wir gekommen, Israels Kinder, ein langer Zug durch die Nacht und den folgenden Tag – aber nun zeigt es sich: Aaron hat recht gehabt. Der Pharao hat seine Meinung geändert. Er lässt uns verfolgen.

»Das ist nicht gerecht!«, rufe ich laut. Alle bleiben stehen und schauen sich um. Ein Schrei geht durch das Volk. »Wehe! Wehe, wir sind verloren!« Aaron und Mose kommen zu mir. Mose schwingt seinen Stab. »Das wird er **bereuen**!«, sagt Mose. »Was sollen wir tun?«, fragt Aaron.

»Wir gehen mitten hindurch«, sagt Mose. Er hebt den Stab und zeigt nach vorn. Ich habe nach hinten gesehen. Darum habe ich noch nicht gesehen, was vor uns liegt. Da ist ein Meer, Wasser, so weit das Auge reicht. Es glitzert in der Sonne.

Wieder muss es schnell gehen. Ein Raunen geht von Mund zu Mund: »Wir gehen mitten hindurch!« Die Frauen heben ihre Bündel auf den Kopf, die Männer tragen ihre Kinder. Auch ich zögere nicht. ›Und wenn wir ertrinken‹, denke ich, › immer noch besser, als wenn uns der Pharao fängt.‹

»Ich bin, der ich bin, und ich bin für euch da.«

Auf einmal höre ich diese Stimme. Laut und deutlich – so, als ob alle sie hören. Und wir gehen, ein langer Zug, wir gehen ins Wasser. Und mitten hindurch. Was für ein Wunder! Ich bekomme nicht einmal nasse Füße!

Auf der anderen Seite gibt es ein sicheres Ufer. Und Mose senkt seinen Stab. »Dank sei dem Grossen Befreier!«, ruft er laut. »Dank dem Grossen Befreier!«, rufen die Israeliten.

Ich aber sehe zurück. Da ist das Meer, Wasser, so weit das Auge reicht. Von den Soldaten des Pharao ist nichts zu sehen. Oder: Schwimmt da ein Stück Rüstung auf den Wogen? Es geht nicht anders: Ich nehme meine Trommel. Ich singe und tanze:

Groß ist der Gott Israels,
Gott, der GROSSE BEFREIER!
Ich bin für euch da, das ist sein Name.

Groß ist der Gott Israels,
Gott, der GROSSE BEFREIER.
Ross und Reiter warf er ins Meer
und rettete und befreite sein Volk!

Aaron, mein Bruder, spielt dazu Flöte.
Exodus 5, 1–9 und 12, 1–11; 14, 1–31 und 15, 20–21

Wie Mose Israels Kinder durch die Wüste führte

Komm mit und sieh: Wüste, so weit das Auge reicht.
Tage und Wochen und Monate sind vergangen. Das Volk Israel zieht weiter und weiter.
Die Tage sind heiß, die Sonne brennt, die Augen schmerzen von dem grellen Licht.
Die Nächte sind kalt, die Decken reichen nicht, um zu wärmen. Zelte werden aufgebaut,
Abend für Abend. Und wieder abgebaut, Morgen für Morgen.
Das Volk Israel hat einen Wegweiser. Am Tag ist es eine Rauchwolke, die ihm vorangeht.
Des Nachts ist es eine Feuersäule. »Gott ist der Grosse Wegweiser«*, sagt Mose.*
Josua, Moses Diener, glaubt, was Mose sagt. Höre, was Josua erzählt …

»Wie lange noch?«

Mose, der Mann mit dem Stab, geht immer voraus. Und ich, Josua, gehe an seiner Seite. Auch Aaron und Mirjam sind da, Aaron, der reden kann, und Mirjam, die singt. Sie sind mir unheimlich, die beiden, geheimnisvoll und mächtig. Ich bin jung. Mose will mich an seiner Seite.

Es kommt vor, dass wir kein Wasser finden – obwohl Moses Gott uns führt, Gott, der Grosse Befreier. Kein Wasser in der Wüste – das heißt verdursten.

Aber dann schlägt Mose mit seinem Stab an den Fels und eine Quelle entspringt. Das Volk jubelt ihm zu. »Nicht aus eigener Kraft«, sagt Mose. »Gott ist der Grosse Versorger.« Und Mirjam singt: »Gott heißt: Ich bin, der ich bin, und ich bin für euch da.«

Es kommt vor, dass wir keine Nahrung finden – und das, obwohl der Grosse Wegweiser vor uns hergeht in der Wolkensäule. Kein Brot in der Wüste – das heißt verhungern.

Aber dann liegt es eines Morgens auf der Erde wie Tau. Wir heben es auf und es ist wie Brot. Es schmeckt süß, wir können es essen. Es gibt Kraft. »Himmelsbrot«, sagt

Aaron. »Danke, Mose!«, ruft das Volk. »Nicht aus eigener Kraft«, sagt Mose. »Gott ist der GROSSE VERSORGER.« Und Mirjam singt: Gott heißt: ICH BIN, DER ICH BIN, UND ICH BIN FÜR EUCH DA.«

Es kommt vor, dass uns wilde Krieger den Weg versperren – und das, obwohl UNSER WEGWEISER bei uns ist. Krieger gegen ein wanderndes, unbewaffnetes Volk – das heißt sterben.

Aber dann ruft Mose mich: »Du bist jung, Josua. Lehre die Männer zu kämpfen!« Wir haben unsere Hirtenstäbe, Spieße und Steinschleudern. Das ist nicht viel gegen Krieger. Ich sage den Männern: »Habt keine Angst. Ihr könnt gar nicht anders: Ihr müsst überleben. Sonst war alles umsonst!«

Mose will nicht kämpfen. Er steigt auf einen hohen Felsen. »Seht mich an!«, ruft er. »Solange ihr den Stab erhoben seht, so lange werdet ihr bestehen!« Mit beiden Händen hebt er den Stab hoch über seinen Kopf.

Der Kampf ist lang und zäh. Wir sind verwundet. Aber nicht geschlagen. Mose steht auf dem Felsen. Wir sehen seinen Stab.

Einmal scheint es, als ob seine Arme müde werden. Da treten Aaron und Mirjam neben ihn und stützen ihn. Und dann – aus heiterem Himmel – fliehen die Feinde. Wir haben überlebt! »Nicht aus eigener Kraft«, sagt Mose. »Gott ist der GROSSE RETTER.« Und Mirjam singt: »Gott heißt: ICH BIN, DER ICH BIN, UND ICH BIN FÜR EUCH DA.«

Exodus 13, 17–22; 16, 2–5.13–15; 17, 1b–13

Das goldene Kalb

Mose, der Mann mit dem Stab, bleibt stehen. Vor uns ist ein Berg, ein großer, gewaltiger Berg. Seine Spitze liegt in den Wolken. »Sie sollen die Zelte aufschlagen«, sagt Mose zu mir. »Wir werden eine Weile hierbleiben.« Mirjam schlägt leise die Trommel. »Heilig, heilig, heilig«, singt sie. »Der Berg?«, frage ich. »Er gehört Gott dem Herrn«, sagt Aaron.

Mose nimmt seinen Stab. »Sie sollen auf mich warten«, sagt Mose zu mir. »Wie lange, Herr?«, frage ich. »Das weiß nur Gott«, sagt Mose. »Soll ich dich nicht begleiten,

Herr?«, frage ich. »Niemand darf den Berg betreten«, sagt Mose. »Niemand, der nicht gerufen ist.« Aaron und Mirjam stehen dabei. Sie hören, was Mose sagt. Es tut ihnen weh – so wie mir.

Wir bleiben zurück. Wir haben genug zu tun. Wir flicken unsere Sachen: die Zelte, die Schuhe, die Gewänder. Vieles ist müde geworden auf dem langen Weg. Mirjam macht ein besonderes Gewand für Aaron.

»Er ist unser *Priester*«, sagt sie. »Priester, Herrin?«, frage ich. Ich weiß nicht, was das ist.

»Hat Aaron nicht für Mose gesprochen?«, fragt Mirjam. »Vor dem Pharao und vor dem Volk.« Das kann ich bestätigen. »Ja, das hat er. Mose kann nicht so gut reden.« Mirjam hält das Gewand hoch. Es ist sehr festlich. »Nun«, sagt sie. »Aaron spricht auch für uns vor Gott dem Herrn.« Ich schweige. ›Ist das nicht Moses Aufgabe?‹, denke ich.

Am Abend feiern wir ein Fest. Aaron probiert den Priestermantel an. Am Ende des Festes hebt er die Hände über uns und spricht zum ersten Mal für uns vor Gott dem Herrn:

Gott der Herr segne euch und er behüte euch,
der Herr lasse sein Angesicht leuchten über euch und sei euch gnädig.
Der Herr erhebe sein Angesicht auf euch
und gebe euch Frieden.

»*Amen*«, sagen wir. Das heißt: So sei es.

Mose, der Mann mit dem Stab, kommt und kommt nicht wieder. Unsere Kleider, die Schuhe und die Zelte sind längst geflickt. Und Aaron trägt den Priestermantel. Jeden Abend spricht der Priester Aaron Gottes Segen über uns.

Sonst geschieht nicht viel. Das Gras am Fuß des Berges haben die Tiere schon abgeweidet. Wir führen die Herden immer weiter hinaus. Bald werden wir nirgendwo mehr Futter finden.

»Wisst ihr noch«, höre ich abends am Feuer die Männer und die Frauen sagen: »die Wolkensäule und die Feuersäule? Nie waren wir allein. Wir wussten: GOTT DER WEGWEISER geht mit. Jetzt aber? Nichts als Stillstand. Kein Mose. Kein Gott. Und wir sind ganz allein.«

Am Abend, als Aaron sie segnen will, **murren** die Kinder Israels. »Hör auf damit, Aaron! Der *Segen* ist verdorben. Oder siehst du etwas? Spürst du etwas? Wir haben Moses Gott verloren. Und Mose auch. Wir sind allein.«

Aaron lässt die Hände sinken. Er schweigt. Weiß er keine Antwort? Und dann ruft einer: »Aaron: Gib uns einen Gott, den wir sehen können!« Andere stimmen zu. »Ja, einen Gott!«, rufen alle. »Wie die ägyptischen Götter! Einen Gott aus Gold und Silber!«

›Einen Gott aus Gold?‹, denke ich. ›Was ist das für ein Gott?‹ Aber sie haben recht. Auch ich habe in Ägypten goldene Götter gesehen: seltsame Tiere, Katzen, Löwen und Stiere. Die Ägypter beten sie an. Und bringen ihnen *Opfer*.

»Aus Gold?«, fragt Aaron. »Dann bringt mir Gold!« Auf einmal sind alle aufgeregt. Sie laufen und rennen in ihre Zelte, sie suchen in ihrem Gepäck. Den Festtagsschmuck bringen sie Aaron, alle ihre versteckten Kostbarkeiten. Sie reißen sich Ringe aus den Ohren und streifen die Armreife ab. Alles bringen sie Aaron.

Mirjam steht dabei und sieht, wie der Haufen wächst. »Ich habe noch nie gehört, dass sich ein Volk seinen Gott selbst machen kann«, sagt sie zu Aaron. Aaron hört nicht zu. Er hat schon begonnen, den goldenen Schmuck zu schmelzen.

Aaron bringt keinen Stier zustande. Es ist eher ein Kalb, was Aaron da auf einen Sockel stellt, mitten ins Lager. Den Leuten gefällt es. Sie jubeln. »Das ist Gott!«, rufen sie. »Unser Gott! Was brauchen wir Mose! Das ist unser Gott, er wird uns vorangehen.« Sie fangen an, um das Kalb herumzutanzen. »Mirjam!«, rufen sie. »Schlag die Trommel! Mirjam, sing! Sing unserem Gott!«

Das Lied, das Mirjam singt, habe ich schon gehört: Es ist das Lied des anderen Gottes:

Groß ist der Gott Israels,
Gott, der GROSSE BEFREIER!
Ich bin für euch da,
das ist sein Name.

Groß ist der Gott Israels,
Gott, der GROSSE BEFREIER.
Ross und Reiter warf er ins Meer
und rettete und befreite
sein Volk!

Bin ich denn der Einzige, der das merkt? Aaron kommt zu mir.
»Es ist nur ein Zeichen«, sagt er und zeigt auf das goldene Kalb.
»Ja, Herr«, sage ich. »Aber wofür?«

Auf einmal ist es mir, als hätte ich Donner gehört. Ich blicke auf und sehe den Berg.
Die Wolken, die seine Spitze verbergen, kommen mir dunkler vor als sonst. Und dann
sehe ich ihn: Mose kommt den Berg herab. In der Rechten schwingt er den Stab. Im lin-
ken Arm trägt er eine Last, zwei große Tafeln aus Stein. Und er ist voller Freude. Ich sehe
Glanz auf seinem Gesicht.

Ich eile ihm entgegen und er lächelt mir zu und gibt den Stab mir. »Halt ihn für mich,
Josua!«, sagt Mose. Er hebt die beiden Tafeln in die Höhe. »Seht!«, ruft er laut, »Was für
ein Schatz! GOTT DER WEGWEISER zeigt uns selbst seinen Weg!«

Und dann – dann erst sieht er, was die Kinder Israels tun. Er sieht das goldene Kalb.
Und er versteht, was es bedeutet. »Oh mein Gott!«, schreit er. Die Tafeln gleiten ihm aus
den Händen. »Gebrochen, jetzt schon gebrochen …« Die Tafeln fallen auf Fels. »Konntet
ihr denn nicht warten!?«

Der Tanz ist vorbei. Still steht das Volk. Der Gesang ist verstummt. Sie stehen und schweigen. Und dann tritt Aaron vor das Volk in seinem Priestermantel. »Du warst allzu lange fort«, sagt er.

Exodus 19, 1–3a; Levitikus 8, 1–13; Numeri 6, 22–27; Exodus 32, 1–6a

Die Zehn Gebote

Mose, der Mann mit dem Stab, steht vor einem Scherbenhaufen. Die Tafeln, die er vom Berg herabgeholt hat, sind in hundert Teile zerbrochen. Ich stehe bei ihm und sehe, dass er weint. »Waren sie wertvoll, Herr?«, frage ich. »Gottes *Gebote* für sein Volk«, sagt Mose. »Damit wir in Frieden mit Gott und den Menschen leben.«

Gottes Gebote! »Herr«, sage ich, »wir können sie wieder heil machen.« Mose stützt sich auf seinen Stab. »Glaubst du, Josua?«, fragt er.

Ich habe mich schon an die Arbeit gemacht. Ich sammle die Scherben und sehe sie an. Ich sehe: Auf ihnen steht Schrift geschrieben. »Wie viele Gebote sind es, Herr?«, frage ich. Ich lege die Scherben nebeneinander. »Zehn«, sagt Mose. »Zehn Gebote. Drei und sieben.«

»Das ist nicht zu viel«, sage ich. »Das schaffen wir, Herr.« Mirjam und Aaron kommen näher. Als ich ihnen erkläre, was ich tue, helfen sie mir. Und dann auch die Männer und Frauen Israels. Mose steht nur da. Er rührt sich nicht. Er schweigt.

Als es Nacht wird, sind die Scherben zusammengefügt. Im Schein der Feuer und Fackeln betrachten wir unser Werk.

Wir lesen das zehnte – »Du sollst nicht neidisch sein auf das Glück deines Nachbarn« –, das neunte – »Du sollst nicht neidisch sein auf das Hab und Gut deines Nachbarn« –, das achte Gebot: »Du sollst deinen Nachbarn nicht fälschlich beschuldigen und nicht schlecht über ihn reden.« Es sind gute Gebote. Wir werden Frieden haben, wenn wir sie achten.

Das siebte, das sechste, das fünfte und vierte. Wir werden leben, wenn wir sie achten.

Das dritte, das zweite. Das betrifft Gott.

Und dann das erste. Ein Schrei geht durch die Menge:

Ich bin der Herr, dein Gott, der dich aus Ägypten befreit und durch die Wüste geführt hat; du sollst nicht andere Götter haben neben mir!

Ganz langsam ziehen wir uns zurück, huschen in unsere Hütten. Nur Aaron und ein paar Männer schleichen auf Zehenspitzen zu unserem goldenen Kalb. Sie werfen es hastig ins Feuer. »Du sollst nicht andere Götter haben …« – Oh Gott, vergib uns: Wir haben das erste Gebot schon gebrochen.

Exodus 20, 1–17 und 32, 15–24

I.
ICH BIN DER HERR,
DEIN GOTT

II.
EHRE GOTT UND SPRICH
SEINEN NAMEN ACHTSAM

III.
SECHS TAGE SOLLST DU ARBEITEN,
AM SIEBTEN ABER RUHEN UND
GOTT LOBEN

IV.
DU SOLLST AUF DEINE ELTERN
UND DIE ALTEN HÖREN

V.
DU SOLLST NICHT TÖTEN

VI.
DU SOLLST TREU SEIN

VII.
DU SOLLST NICHT STEHLEN

VIII.
DU SOLLST DEINEN NACHBARN
NICHT FÄLSCHLICH BESCHULDIGEN

IX.
DU SOLLST NICHT NEIDISCH
SEIN AUF DAS HAB UND GUT
DEINES NACHBARN

X.
DU SOLLST NICHT NEIDISCH
SEIN AUF DAS GLÜCK
DEINES NACHBARN

Gottes Spuren

Mose geht noch einmal auf den Berg. Er befiehlt uns nicht, zu warten. Aber wir werden es tun. So wahr wir Israel sind und Gott unser Gott, so wahr werden wir nicht ohne ihn gehen. Nicht ohne Mose und nicht ohne den GROSSEN WEGWEISER. Wird er sich wieder zeigen?

Diesmal vergeht weniger Zeit, bis Mose wieder zurückkehrt. Er sieht aus, als ob er gekämpft hat, müde und erschöpft. Er sieht aus, als ob er gesiegt hat: voll Freude, Glanz auf dem Gesicht. »Morgen ziehen wir weiter«, sagt Mose zu mir. »Sage allen: Morgen brechen wir auf.«

»Wann werden wir ankommen, Herr?«, frage ich. Da zieht ein Schatten über Moses Gesicht. »Erst der Weg«, sagt er. »Später das Ziel.«

Wir bauen für die Tafeln der Gebote einen Kasten und setzen den Kasten auf zwei lange Stangen. So können wir die Gebote überallhin mitnehmen. Wir nennen sie das *Gesetz* und den Kasten nennen wir die *Lade*.

Als alle Zelte abgebrochen sind, zögern wir. Die Wolkensäule ist nicht da. »Wir haben das erste *Gebot* gebrochen«, flüstern die Alten. »Wir wussten es nicht besser«, sagen die Jungen. »Aber dennoch!«, sagen die Frauen. ›Aber dennoch‹, denke ich auch. ›Ihr kanntet doch Mirjams Lied!‹

Mose hebt seinen Stab und zeigt Richtung Sonnenuntergang. Zögernd setzen wir uns in Bewegung. Es ist nicht dasselbe ohne die Wolkensäule. Es fühlt sich so verloren an. »Herr«, höre ich Mose leise sagen, »Herr Gott, ich habe dein Wort!« Und da – aus heiterem Himmel: Da ist sie, die Wolkensäule! Da ist sie wieder. Wir begrüßen sie wie einen Freund. Ich glaube, den Rest des Weges sind wir getanzt.

❧

»Herr, darf ich eine Frage stellen?« Wir sitzen an unseren Feuern nach einem langen, harten Tag. Mose legt seinen Stab aus der Hand. »Was, Josua?« Ich hole tief Luft. »Was war da auf dem Berg, Herr? Dein Gesicht hat geglänzt, als du wiederkamst.«

Mose sieht mich an. »Ich bin dem HÖCHSTEN begegnet, Josua«, sagt er. »Zuerst war er der GROSSE RICHTER, am Ende aber MEIN FREUND.« Ich merke: Er hat etwas ausgelassen. »Und dazwischen?«, frage ich. Mose sucht nach Worten. »Dazwischen haben wir gerungen.«

Da fällt mir noch eine Frage ein: »Herr, ich wüsste gern, wie Gott aussieht.« Ich denke an das goldene Kalb. »Du kannst Gott nicht ansehen«, sagt Mose. »Gott ist viel zu hell. Aber eines hat mir Gott gewährt: Ich durfte Gottes Spuren nachsehen.« Und Mose erzählt mir eine Geschichte:

»Ich war so müde«, sagt Mose, »so traurig. Ich war mir gar nicht mehr sicher, ob ich ein guter Anführer bin. Ich war mir nicht einmal mehr sicher, dass es wirklich Gott ist, der mich gesandt hat und leitet. ›Ach Gott‹, rief ich in meiner Not. ›Wenn ich dich doch sehen könnte!‹ Aber da hörte ich Gottes Stimme: ›Du kannst mich nicht sehen, Mose.‹
Ich senkte den Kopf, so müde, so traurig. Da spürte ich etwas wie eine Berührung. ›Du kannst mich nicht sehen‹, sagte Gottes Stimme wieder. Und dann fuhr sie fort: ›Aber du kannst meinen Spuren nachsehen. Hör zu, ich sage dir, wie ich es mache!‹
Der Herr befahl mir, mich in einen Felsspalt zu setzen. Er sagte, er würde vorübergehen. Er würde seine Hand vor die Höhle halten, damit mir nichts geschieht. Aber wenn er die Hand wieder fortnähme, könnte ich ihm nachsehen. Und so haben wir es gemacht.«

»Und?«, frage ich. »Was hast du gesehen?« Mose lächelt mich an und ich sehe wieder den Glanz auf seinem Gesicht. »Gott ist **gütig**, Josua«, sagt er. »Und **barmherzig**.«

Ich weiß nicht genau, was das ist: barmherzig. Aber ich fühle Wärme auf meinem Gesicht. Als sei etwas von dem Glanz auf Moses Gesicht nun auch zu mir gekommen.

Numeri 10, 11 und Exodus 33, 12–23

Das Gelobte Land

So nach und nach verstehe ich, warum Mose meine Frage nicht beantwortet hat, meine Frage, wann wir ankommen. Er hat sie nicht beantwortet, weil er geahnt hat, dass viele von uns das Ziel nicht erreichen werden.

Die Wüste gibt uns nicht frei. Moses Eltern sterben. Dann auch Mirjam, seine Schwester. Und Aaron, der Priester. Sie sterben und wir lassen Gräber zurück. Und ziehen, ziehen immer weiter. »Vielleicht«, sagen die Alten, die beim Auszug aus Ägypten die Jungen gewesen sind, »vielleicht gibt es gar kein Ziel. Vielleicht müssen wir für immer in der Wüste bleiben.«

»Vielleicht wären wir besser in Ägypten geblieben«, sagen die Jungen, die beim Auszug aus Ägypten Kinder gewesen sind. »Unser Ziel«, sagt Mose, »ist das *Gelobte Land*.«

Da Aaron nicht mehr da ist, um für ihn zu sprechen, müht Mose sich selbst mit den Worten. »Das ist das Land, in das Abraham einst zog, als er die Stimme des GROSSEN BEGLEITERS hörte. Das Land, das der HERR DES SEGENS ihm versprochen hat.«

»Wie weit noch, Herr?«, frage ich. »Wie lange noch?« Mose stützt sich schwer auf seinen Stab. Ich sehe, dass er müde ist und sehr, sehr alt. »Ich werde das Gelobte Land noch sehen«, sagt Mose. Da denke ich mir: ›Es kann nicht mehr weit sein.‹

Dann endlich ist es so weit. Wir lassen die Wüste hinter uns. Wir stehen auf grünem Land. Neben uns ist ein Gebirge, vor uns, im Tal, ein breites blaues Band. Ein Fluss, wie ich ihn seit dem Nil nicht mehr gesehen habe. »Das ist der Jordan«, sagt Mose, weil Aaron nicht mehr für ihn spricht. »Und jenseits des Jordans ist das Gelobte Land.« Weil Mirjam nicht mehr trommelt, ist es still. Die Kinder Israels sehen sich an. Geflüster geht von Mund zu Mund. »Dann sind wir also – angekommen?«

»Auf, Vater!«, ruft Moses Sohn. Er ist inzwischen ein Mann. »Lass uns über den Jordan gehen!« Und: »Auf, Mose!«, rufen die Alten. »Führe uns!«

»Nein«, sagt Mose. Er gibt den Stab mir. »Josua wird euch über den Jordan führen.« Alle sehen mich an. Und dann Mose. »Josua?«, fragen sie. »Gut. Aber warum nicht du, Mose?«

»Ich komme nicht mehr mit«, sagt Mose. Er dreht sich um und geht. Er geht schnell. Das ist seltsam, denn eigentlich kann er gar nicht mehr gehen ohne den Stab. »Mose! Mose!« Das Volk Israel ruft nach ihm. Erstaunt erst, dann ängstlich. »Mose, geh doch nicht.«

Aber ich allein wage es, ihm nachzugehen. Dort, wo ich ihn einhole, sind wir schon im Gebirge. Felsen versperren den Blick auf das Volk. »Warte, Herr!«, rufe ich. Und er dreht sich nach mir um. »Josua, du musst das Volk nun führen«, sagt er zu mir. »Wort Gottes, des GROSSEN WEGWEISERS.«

Ich nehme seine Hände. »Warum nicht du, Herr?«, frage ich. »Warum nicht du?« Mose lächelt mir zu. »Ich bin alt, Josua, und müde. Ich habe vom Leben genug.« Ich kann es nicht verstehen. »So kurz vor dem Ziel!«, rufe ich.

»Erst der Weg«, sagt Mose. »Und ein Blick aufs Ziel. Es ist genug.« Ich frage mich, ob Gott ihm das gesagt hat. Der HERR DES SEGENS? Auf einmal hebt Mose seine Arme. Feierlich spricht er die Worte des Segens:

Gott der Herr segne dich und er behüte dich,
der Herr lasse sein Angesicht leuchten über dir und sei dir gnädig.
Der Herr erhebe sein Angesicht auf dich
und gebe dir Frieden.

Mose legt seine Hand auf meinen Kopf. Und dann umarmt er mich. »Geh jetzt, Josua«, sagt er. »Geh und führe Israel zurück in das Gelobte Land.« Ich habe Tränen in den Augen, als ich den Berg hinabsteige. Und bevor ich unten bin, spreche ich zwölfmal den Segen für Mose. Den Mann mit dem Stab.

Numeri 20, 1.22–29 und 27, 12–23;
Deuteronomium 31, 1–2 und 34, 1–12

Geschichten von Gott dem König der Könige

Gott spricht: »Du bist mein.«

Der HERR ist mein Hirte,
mir wird nichts mangeln.
Er weidet mich auf einer grünen Aue
und führet mich zum frischen Wasser.

Er erquicket meine Seele.
Er führet mich auf rechter Straße um seines Namens willen.

Und ob ich schon wanderte im finstern Tal,
fürchte ich kein Unglück;
denn du bist bei mir,
dein Stecken und Stab trösten mich.

Du bereitest vor mir einen Tisch
im Angesicht meiner Feinde.
Du salbest mein Haupt mit Öl
und schenkest mir voll ein.
Gutes und Barmherzigkeit werden mir folgen mein Leben lang,
und ich werde bleiben im Hause des HERRN immerdar.

Psalm 23

Wie Israel von Gott einen König bekam

Komm mit in eine wilde, eine grausame Zeit, eine Zeit der Überfälle und Kriege im Gelobten Land.

Komm mit zu den Ururururenkeln der Männer und Frauen, die mit Mose aus Ägypten und durch die Wüste gezogen sind, den Nachkommen der Männer und Frauen, die Josua über den Fluss Jordan führte.

Sie kennen keine andere Heimat als dieses Land: rau und lieblich, trocken und fruchtbar, schön und gefährlich. Gefährlich ist vor allem eines: Immer wieder werden sie überfallen! So viele Völker leben rings um das Gelobte Land, so viele, die gern Beute machen. Zum Beispiel die Philister.

Die Kinder Israels sind leichte Beute. Sie leben zerstreut – zwölf Stämme. Es fehlt ein Anführer, der sie zusammenhält. Die Alten aber sagen: »Gott ist unser König!«

Hannas Glück

»Hanna, warum weinst du?«, fragt eines Abends Elkana seine Lieblingsfrau. Elkana hat zwei Frauen. Das ist Brauch. Hanna ist ihm die liebste. »Du weißt, warum ich weine«, sagt Hanna. Elkana setzt sich zu ihr. »Es ist immer dasselbe, nicht wahr?«

Hanna nickt. Sie hat kein Kind. Das tut ihr so weh wie eine tiefe Wunde. »Hanna, ich habe dich lieb«, sagt Elkana. »Ist das nicht genug?« Hanna verbirgt ihr Gesicht in den Händen. »Ja«, sagt sie. »Aber …«

Hanna will ihren Mann nicht traurig machen. Sie sagt nichts mehr. Aber heimlich spricht sie mit dem HERRN DES SEGENS. »Mein Herr«, betet sie, »du Gott Saras und Rahels, so wie du ihnen Kinder geschenkt hast, schenke doch auch mir ein Kind – eines nur, Herr, und es soll dir gehören von Anfang an.« Und dann fährt sie fort: »Du Gott

Hagars: Du hast Hagar angesehen, als sie in Not war. Du hast sie gerettet. Sieh nun auch meine Not.«

Hanna weiß nicht, ob sie gehört wird. Sie spürt Gott nicht, sie hört nicht seine Stimme. Aber als ein Jahr vergangen ist, hält sie ihr Kind im Arm, ihr Baby. Hannas Gesicht strahlt. Und Elkanas auch. »Was ist es?«, fragt Elkana.

»Ein Junge!«, sagt Hanna. »Ich will ihn Samuel nennen.« Das heißt: »Gott hat meine Bitte gehört und hat ihn mir geschenkt.« Und Elkana sprach: »*Gütig* und *barmherzig* ist Gott. Gelobt sei der HERR!«

1 Samuel 1, 1–20

»Wer ruft da?«

»Samuel, warum weckst du mich?« Der alte Priester Eli schreckt aus dem Schlaf. Da steht Samuel, sein neuer Diener, ein freundlicher und kluger Junge. Eli spricht gern mit Samuel. Aber nachts, nachts will Eli lieber schlafen. Samuel wird rot. »Aber du hast mich gerufen, Herr«, sagt er. »Ich habe dich nicht gerufen«, sagt Eli.

Eli schickt den Jungen schlafen und legt sich wieder hin. Gerade als der erste Traum kommt, schreckt er wieder hoch. Wieder steht da Samuel, wieder hat er Eli geweckt. »Samuel, warum weckst du mich?« Samuel ringt die Hände. »Aber du hast mich gerufen«, stottert er. »Du hast geträumt«, sagt Eli.

Eli schickt den Jungen schlafen und legt sich wieder hin. Nicht lange, da wird er zum dritten Mal geweckt. Und zum dritten Mal ist es Samuel, der ihn weckt. »Ich habe ganz deutlich eine Stimme gehört«, sagt Samuel. »Es gibt keinen Zweifel. Sie rief meinen Namen.« Der alte Priester sieht ihn lange an. »Das war nicht meine Stimme«, sagt er. »Ich glaube, das war die Stimme des HÖCHSTEN.«

Samuel wird blass. »Was soll ich tun?«, fragt er den Priester. »Steh auf und sprich: ›Hier bin ich, Herr‹«, rät Eli ihm. Und nur für sich selbst fügt er hinzu: »Mich aber lass schlafen!«

Am Morgen weckt Eli den Jungen. »Erzähl!«, sagt er. »Was hat der HERR gesprochen?« Samuel schreckt aus dem Schlaf. Er reibt sich die Augen. »Ich hörte eine Stimme«, erzählt er. »Sie hat mich beim Namen gerufen. Und dann war es wie eine Berührung.«

»Was?«, sagt Eli. »Was hat sie gesagt?«

»›Hab keine Angst, du bist mein‹«, sagt Samuel. »Das hat sie gesagt. Eli, was bedeutet das?« Eli nickt. »Ich bin alt«, sagt er. »Ich glaube, du wirst nach mir Priester sein.«

1 Samuel 2, 11 und 3, 1–21

Das Zeichen des Öls

»Samuel! Höre, Samuel!« Samuel, der Mann Gottes, schreckt aus dem Schlaf. »Hier bin ich, Herr!«, murmelt er. Im Lauf der Jahre hat er sich daran gewöhnt, hin und wieder, in besonderen Augenblicken, die Stimme des HÖCHSTEN zu hören.

»Samuel, nimm dein Ölhorn und geh zu den Leuten des Stammes Benjamin«, spricht die Stimme. »Du sollst meinem Volk einen König geben.« Samuel zögert nicht lange. Er zieht sich an, nimmt sein Bündel und hängt ein Horn mit Öl an seinen Gürtel. Dann wandert er los. Er sagt niemandem Bescheid. Das Land des Volkes Benjamin ist weit.

An der Grenze kommt ihm ein Mann entgegen, groß ist er, schlank und geschmeidig. Er trägt einen Spieß, einen Dolch und ein langes Seil. »Herr«, sagt der Mann und verneigt sich, als er Samuel erblickt. »Bist du Samuel, der **Mann Gottes**?«

Samuel nickt. »Und du?«, fragt er. »Wer bist du?« Da spürt er eine Berührung. Es ist, als ob jemand ihn anstößt. »Der!«, spricht eine Stimme in seinem Herzen. »Der, Samuel: Der ist es! Salbe ihn!«

Samuel hört auch, was der Fremde sagt: »Ich bin Saul, der Sohn des Kisch«, sagt er. »Ich suche die Eselinnen meines Vaters. Weißt du, wohin sie gelaufen sind?«

Wieder fühlt Samuel sich angestoßen. »Du suchst Eselinnen, Saul«, sagt er, »und du findest eine Krone.« Er zieht sein Ölhorn vom Gürtel und öffnet es. »Du musst dich bücken«, sagt er zu Saul. »Ich will dich *salben*.«

Saul zögert nicht lange. Er bückt sich. Samuel gießt etwas von dem Öl auf Samuels Kopf. »Das ist ein Zeichen«, sagt Samuel feierlich. »Gott spricht: Saul, du sollst mein Sohn und meine rechte Hand sein; sei König über Israel in meinem Namen.«

1 Samuel 9, 1–21 und 10, 1–2

Die verlorene Krone

»Vater! Vater!« Die kleine Michal kommt ohne Ziegen vom Ziegenhüten zurück. Sie rennt, sie ist außer Atem. »Die Feinde! Vater, die *Philister* kommen!«

Michal ist König Sauls jüngstes Kind. Die ältere Tochter, Merab, hilft der Mutter beim Kochen. Die Brüder, Jonatan, Malkischua und Isch-Boschet, üben sich im Bogenschießen und Lanzenwerfen.

Als sie Michal schreien hören, laufen sie zusammen. König Saul kommt aus dem Haus. Der Königsmantel weht, er hat sein Schwert gezogen. »Es ist so weit!«, ruft er. »Das ganze Volk Israel wird kämpfen.«

Malkischua und Isch-Boschet reiten als Boten aus, um alle zwölf Stämme des Volkes Israel zu den Waffen zu rufen. Jonatan, der Älteste, bleibt beim Vater. Er ist König Sauls **rechte Hand**.

Merab und ihre Mutter, die Königin, stehen in der Tür des Hauses. »Oh Gott!«, ruft die Königin. »Was soll nur werden?« Merab hat etwas anderes im Sinn. »Aber, Vater!«, sagt sie. »Wenn alle Männer in den Krieg ziehen – wie soll ich einen Ehemann finden?«

Die kleine Michal zieht am Mantel des Königs. »Vater!«, sagt sie. »Kann ich mit?« König Saul lächelt ihr zu. »Das ist nichts für Mädchen, Michal«, sagt er.

Da läuft Michal zu Jonatan. »Jona«, sagt sie und zieht an seiner Hand. »Nimm mich mit!« Jonatan lächelt ihr zu. »Du darfst mit mir reiten«, sagt er, »bis zum Übungsplatz.« Michal strahlt. Das ist ihr erst einmal genug.

Musik spielt. Es gibt Süßigkeiten. Michals Schwester Merab trägt ein Festgewand. Sie lächelt den jungen Kriegern zu. Sie hört ihre Geschichten vom Krieg und vom Sieg. Gefeiert wird ein Siegesfest: König Saul hat gewonnen. Er hat die Philister aus dem Land vertrieben. Alle zwölf Stämme des Volkes Israel haben gemeinsam gekämpft.

»Wie gut«, sagt Michal zu Jonatan, ihrem großen Bruder, »dass Vater König ist!« Sie hat Blumen im Haar. »Du hast recht, Michal!« Jonatan nickt ihr zu. »Wenn wir keinen König hätten, dann müsste jeder Stamm allein kämpfen. Sie wären schwach. Zu zwölft aber sind sie sehr stark.« Saul, der König, hört, was sein Sohn sagt. »Es ist noch nicht zu Ende«, sagt er.

Als das Fest am schönsten ist, erscheint ein Mann, den niemand eingeladen hat. Sein Haar ist lang und wild. Er trägt den Mantel eines Priesters. Er hat ein Ölhorn am Gürtel. »Du hast etwas vergessen, König Saul!«, ruft er. Und König Sauls Musik verstummt. »Samuel! Das ist Samuel«, geht es von Mund zu Mund. »Der **Mann Gottes**. Der Mann, der Saul zum König **salbte**.«

»Was willst du, Samuel?«, fragt der König grimmig. Er sitzt auf einem Thron, höher als alle seine Gäste. Samuel tritt vor ihn. »Erinnerst du dich nicht mehr, was ich bei der Salbung sagte?« Er spricht laut. Alle können ihn hören. »Ich soll König von Israel sein!«, ruft König Saul. »Was willst du, Samuel? Ich bin es!«

Samuel schüttelt ärgerlich den Kopf. »Das war das Zweite, Saul!«, sagt er. »Was sagte ich zuerst?« Da greift König Saul zum Speer. »Willst du mich prüfen, Samuel? Ich warne dich! Ich bin der König!«

Samuel weicht nicht zurück. Ruhig schaut er dem König in die Augen. »Nicht mehr lange«, sagt er dann. Und dreht sich um und geht.

Saul lässt den Speer fallen. Im Nu ist er bei Samuel. Er packt ihn am Zipfel seines Mantels. »Was willst du, Samuel?«, fragt er zum dritten Mal. »Und wohin mit dem Ölhorn?« Samuel antwortet ihm nicht. Er reißt sich los und geht. Saul bleibt zurück, die Faust geballt. Darin: ein Fetzen von Samuels Mantel.

❧

»Herr, Herr, warte!« Michal ist Samuel nachgerannt. Es ist dunkel. Im Schein der Sterne folgt sie Samuels Spuren. Sie stellt sich dem Mann Gottes in den Weg. »Was hat mein Vater vergessen?«, fragt sie atemlos.

Samuel sieht ernst aus. »Gut, dass du fragst, Prinzessin«, sagt er. »Komm, ich erzähle dir von der Salbung.«

Sie setzen sich am Wegrand unter einen Baum. Und Samuel erzählt und Michal hört ihm zu. »Gott spricht: Sei mein Sohn und meine rechte Hand – König über Israel in meinem Namen«, endet Samuel. »Wer ist Gott?«, fragt Michal. »Siehst du«, sagt Samuel: »Saul hat etwas Wichtiges vergessen!«

Michal nickt. »Er hat vergessen, wer sein Herr ist!« Sie denkt nach. »Und«, sagt sie noch: »uns davon zu erzählen.«

Es ist schon mitten in der Nacht. Michal hat vergessen, dass Mädchen nachts ins Bett gehören. Samuel hat keine Kinder. Er weiß es vielleicht nicht. »Herr, sage mir, wer Gott ist!«, bittet ihn Michal.

Samuel sieht ernst aus. »Gut, dass du fragst, Prinzessin«, sagt er. »Höre, ich erzähle dir von Abraham und Sara, wie Gott mit ihnen den Anfang machte, von Jakob und Rahel, wie Gott Jakobs krummen Weg gerade machte, von Mose und Mirjam und wie Gott sein Volk aus Ägypten befreite …«

Die Nacht wird zum Tag, bevor Samuel fertig ist. Aber er ist nicht müde und Michal auch nicht. »Das ist Gott«, endet Samuel: »Eine Stimme im Herzen, eine unsichtbare Berührung. Der HERR DES SEGENS und der GROSSE BEGLEITER. RETTER und WEGWEISER. Und noch viel mehr. Höre, Prinzessin, das ist Gottes Name: ICH BIN, DER ICH BIN, UND ICH BIN FÜR EUCH DA.«

»Herr, wohin gehst du mit dem Ölhorn?«, fragt Michal beim Abschied. »Nach Betlehem zum Stamm Juda«, sagt Samuel, »ins Haus des alten Isai.« Michal macht große Augen. »Und da?«, fragt sie bang. Samuel legt ihr den Arm um die Schulter und erzählt, was ihm in der Nacht vor dem Fest geschehen ist:

»Samuel! Höre, Samuel!« Samuel schreckt aus dem Schlaf. »Hier bin ich, Herr!«, murmelt er. Es ist so geblieben, wie es am Anfang war: Hin und wieder, in besonderen Augenblicken, hört er die Stimme des Höchsten. »Samuel, nimm dein Ölhorn und geh zu den Leuten des Stammes Juda«, spricht die Stimme. »Geh in Isais Haus. Dort wirst du den neuen König finden. Salbe ihn.«

Michal sieht ernst aus. »Mein Vater ist König«, sagt sie. Samuel schüttelt den Kopf. »Der Mensch sieht, was vor Augen ist«, sagt er. »Gott aber sieht das Herz an.« Michal steht auf. »Ich liebe meinen Vater!«, ruft sie. Und dann läuft sie nach Hause.

1 Samuel 13, 1–2; 14, 47–52; 15, 23b–28; 16, 1–13

79

Wie ein Hirtenjunge König wurde

Komm mit an den Hof des Königs von Israel.
Sieh Frieden und Krieg, wie sie kommen und gehen. Sieh die Männer, wie sie in den
Krieg ziehen, wie sie müde und verletzt zurückkehren. Saul ist verantwortlich.
Saul ist der König.
Sieh die Frauen und die Kinder zu Hause. Die Felder, die bestellt werden müssen, die
Ziegen und Schafe, die gehütet werden müssen. Saul ist verantwortlich.
König in Frieden und Krieg.
Sieh den Jungen, David: Er hütet die Schafe seines Vaters. Er treibt sie hinaus durch
das trockene, steinige Land. Immer auf der Suche nach Weide. Immer auf der Suche
nach Wasser. David ist verantwortlich. David ist der Hirte.
Auch nachts sind sie draußen, David und seine Schafe. David muss wachsam sein.
David muss sich den Wölfen entgegenstellen. Mit seinem Hirtenstab. Mit seiner
Steinschleuder. David ist verantwortlich. Er ist der Hirte …

David und der Riese Goliat

»Saul, du Feigling! Komm schon! Oder traust du dich nicht?«, brüllt Goliat. Er ist der erste Krieger der **Philister**, ein riesiger, finsterer Kerl. Die Philister sind wiedergekommen, einmal, zweimal. Zum dritten Mal stehen sich die Heere gegenüber. Aber noch zögern die Heerführer, die Schlacht zu beginnen.

»Wir brauchen keine Schlacht!«, hat Goliat gerufen. »Ein Zweikampf genügt. Wenn mich einer von euch besiegen kann, dann ziehen die Philister friedlich ab.« Saul ist kein Feigling. Aber die Krieger wollen ihn nicht gehen lassen. »Du nicht, König!«, sagen sie. »Dir darf nichts geschehen. Wir brauchen unseren König.«

Auch Jonatan ist kein Feigling. Aber auch ihn wollen die Krieger nicht gehen lassen. »Du nicht, Prinz«, sagen sie. »Dir darf nichts geschehen. Du sollst nach Saul unser König sein.« Auch die Krieger sind keine Feiglinge. Aber Goliat ist allzu riesig und allzu finster. Jeder, der ihn sieht, beginnt zu zittern.

Goliat wartet noch immer. »Was?«, schreit er. »Keiner?« Er lacht. »Was für Feiglinge seid ihr Israeliten! Wahrscheinlich habt ihr sehr, sehr schwache Götter!« Da ruft auf einmal eine helle Stimme: »Einen nur – und er ist stark!«

Ein Junge ist es, ein Hirtenjunge. Alle sehen ihn an. »Israel hat nur einen Gott«, ruft der Hirtenjunge. »Das ist genug. GROSSER RETTER ist sein Name! Wir sind sein Volk. Gott hat uns aus Ägypten befreit. Er wird uns auch vor den Philistern retten.«

Goliat hält sich den Bauch vor Lachen. »Wer ist denn dieser Wicht?«, schreit er. »Saul, lässt du Kinder für dich sprechen?«

»David, das ist David«, flüstern die Krieger. »Isais jüngster Sohn. Er hat Essen gebracht für seine großen Brüder.« Da sind sie schon, Davids große Brüder: Sie tragen die Rüstungen und Waffen der Krieger Israels. »Geh nach Hause, David!«, sagen sie. »Na, mach schon! Der Krieg ist nichts für kleine Jungen!«

»Ich will mit Goliat kämpfen«, sagt David. Er tritt vor und geht langsam auf den Riesen zu. Der lacht noch immer. Tränen laufen ihm übers Gesicht vor lauter Lachen. »Sieh her, Goliat!«, ruft David. »Hier steht der, der dich besiegen wird – im Namen des Herrn, unseres Gottes!«

Goliat wischt sich die Tränen aus den Augen. Er ballt seine Fäuste. Doch da trifft ihn ein Stein, ein kleiner Kieselstein am Kopf. Und Goliat fällt. Besiegt.

»Das war David«, flüstern die Krieger. Sie zeigen auf die Hirtenschleuder. Damit hat der Junge den Stein auf Goliat geschossen. Dann fangen sie an zu brüllen: »David hat Goliat besiegt!« Sie jubeln und tanzen. Die Philister aber heben ihren Krieger auf und ziehen schweigend ab.

1 Samuel 17, 1–50

David und die Prinzessin

Musik spielt. Es gibt Süßigkeiten. Michals Schwester Merab trägt ein Festgewand. Sie lächelt den jungen Kriegern zu. Heute erzählen sie nur eine einzige Geschichte: Wie David, der Hirtenjunge, den Riesen Goliat besiegte. Michal, Merabs Schwester, muss nicht zuhören. Sie hat die Geschichte mit eigenen Augen gesehen, heimlich, hinter einem Baum.

König Saul hat den Hirtenjungen David mit Geschenken überhäuft. Er hat ihn auf den Thron gesetzt, damit ihn alle sehen können. »Unser jüngster Krieger!«, rufen sie. »Hoch! Hoch! Hoch!« Michal beobachtet David aus der Ferne. Sie sieht, dass ihm der Thron zu groß ist. Sie sieht: Er wünscht sich weit weg.

»Was kann ich dir noch geben?«, fragt König Saul. »Sag, Junge, was wünschst du dir?« David schüttelt den Kopf. »Ehre nicht mich, mein König«, sagt er. »Ehre Gott, den Herrn Israels. Er ist der GROSSE RETTER!« Saul hat nicht zugehört. »Ich weiß!«, ruft er laut. »Ich gebe dir die Hand meiner Tochter!«

Alle sehen auf Merab in ihrem Festgewand. Sie wissen, dass Merab gern heiraten will. Aber Merab schüttelt den Kopf. »Aber, Vater!«, ruft sie laut. »Er ist ein kleiner Junge!« Der König sieht sie böse an. »Na und?«, sagt er grimmig. »Er hat die Philister besiegt.« Merab schüttelt weiter den Kopf. »Nein, Vater, ich will ihn nicht!«

»Aber ich! Ich kann ihn heiraten«, sagt plötzlich eine helle Stimme. Es ist Michal. Sie tritt vor den Thron und schaut in Davids Augen. »Wir sind gleich alt und er gefällt mir gut!« Saul nickt. »In Ordnung, Michal«, sagt er ernst. »Aber ihr wartet noch ein paar Jahre.« Die Krieger lachen. David lächelt Michal zu. »Kommst du mit?«, fragt Michal.

～

Als das Fest am schönsten ist, sind Michal und David allein. Sie hat ihn nach draußen geführt, zu den Ziegen und Eseln. »Ich bin die Jüngste«, sagt Michal. »Ich muss die Ziegen hüten.«

»Ich bin auch der Jüngste«, sagt David. »Ich muss bei uns die Schafe hüten.« Michal streichelt ein Zicklein. »Es ist manchmal langweilig«, sagt sie. »Nicht, wenn du eine Harfe hast«, sagt er. »Eine Harfe?« David nickt. »Wenn ich allein bin, mache ich Musik«, sagt er. »Für mich und meinen Herrn.«

»Deinen Herrn?«, fragt Michal. »Gott«, sagt David. »Den Grossen Hirten.«

»Sing für mich«, bittet Michal. »Ich bin jetzt deine Braut.« David lacht. Er singt nicht. Er gibt ihr einen Kuss. »Michal«, sagt er, »eines Tages bist du meine Königin.« Michal zuckt zurück. »Deine Königin, David?« Sie erinnert sich: »Samuel, der **Mann Gottes**, wollte zu euch, um einen König zu **salben** …«

David nickt. »Er salbte mich.« Michal staunt. »Den Allerjüngsten?«, ruft sie aus. »Meine Brüder haben auch gestaunt«, sagt David. »Aber weißt du: Gott braucht keinen Großen und Starken als König. Er braucht einfach einen, der ihn hört.«

84

»Mein Vater wird dich töten«, sagt Michal. »Oder Jonatan, mein Bruder.« David bleibt ruhig. »Jonatan ist mein Freund«, sagt er.

»Mein Vater darf es nicht erfahren!«, sagt Michal. »David, versprich mir: Es bleibt ein Geheimnis!«

1 Samuel 18, 1.5–9.17–20 (1 Samuel 16, 1–13)

In großer Gefahr

»David! Höre! Du musst fliehen!« Michal kommt angerannt. Seit Kurzem ist sie Davids Frau. Die beiden haben ein kleines Haus, gleich neben König Sauls Palast. David sitzt auf dem Bett und spielt ein Lied. Es ist Abend, fast schon Nacht.

»David, ein Mann mit einem Dolch …« Sie ist atemlos. »Gleich, gleich ist er hier!« David lässt die Harfe sinken. »Ein Mann mit einem Dolch? Was will er denn?« Da erzählt Michal von der Eifersucht ihres Vaters.

Du weißt, wie grimmig Vater manchmal ist. Die Leute sagen, böse Geister plagen ihn. In letzter Zeit ist es oft deinetwegen. Das Volk hat dich sehr gern, David. Den König aber fürchten sie. Nun rufen sie in den Straßen: »Ach, wäre David unser König!« Mein Vater hat es auch gehört. Und heute Abend hörte ich ihn deshalb brüllen. Er war so wütend wie noch nie. Ich stand hinter der Tür. Ich habe mich gefürchtet, einzutreten.
Da kam ein Diener, ich kannte ihn nur vom Sehen. Er sah mich nicht und er trat ein. »Herr«, hörte ich den Mann zu Vater sagen. »Was gibst du mir, wenn ich den Anlass deines Ärgers töte?« Ich habe den Atem angehalten. Ich hoffte, Vater sagt Nein. Er aber lachte! »Das wäre Gold wert!«, rief er laut. »So tu es heute noch, mit deinem Dolch – ja, tu's, wenn David schläft!« Da lief ich schneller, als ich konnte! Höre, David, du musst fliehen!

Michal drückt sich an die Wand. Als die Tür sich leise öffnet, hält sie den Atem an. Ein Mann schleicht sich ins Haus. Im Licht des Mondes blitzt sein Dolch. Er findet Davids

Bett. Die Bettdecke ist hochgezogen. Darunter liegt ein Körper. Der Mann sticht zu – und Michal schreit. »Zu Hilfe! Überfall!«, schreit sie.

Der Mörder flieht. Dann kommen Männer, Wachen des Palastes. Und Saul. Und Jonatan. »Was, Michal? Was ist geschehen?« Saul schaut zum Bett. Er sieht den Dolch. Kein Blut. Unter der Decke ist kein Körper. Da ist nur ein Haufen Tücher.

»Wo ist dein Mann, Michal?«, fragt er. »Oh Gott sei Dank«, ruft Michal, »Gott sei Dank! Er war nicht da! Denk dir nur, Vater: Sonst hätte dieser Mörder ihn erstochen!«

Jonatan wird blass. Und Saul wird rot vor Wut. »Wo ist er?«, fragt er nach. Da wendet sich Michal zur Wand. »Er sagt mir nicht, wohin er geht.« Saul tritt gegen die Wand. »Er ist vor mir geflohen!«, ruft er. »Der Schurke, der Verräter! Michal, du bist nicht länger seine Frau!«

Am Morgen schickt König Saul Soldaten aus, um David zu suchen. Jonatan aber zügelt sein Pferd vor Michals Haus. »Wo ist er, Schwester?«, fragt er. »Ich habe ihn gewarnt«, sagt sie. »Da floh er in die Wüste.«

1 Samuel 19, 8–17

In der Wüste

»David, lass uns ausruhen!«, schlägt Joab vor, ein Krieger, mit Waffen behängt. Er und seine Männer folgen David. Sie sind jetzt Davids Soldaten. Unermüdlich ziehen sie von Ort zu Ort, auf der Flucht vor Saul.

Der Morgen ist sehr anstrengend gewesen, zweimal sind sie knapp entkommen. Jetzt ist es Mittag und die Sonne brennt. Die Männer sind sehr müde.

»Joab, was soll aus uns werden?«, fragt David. »Es hat keinen Sinn, sich immer zu verstecken.« Joab lacht. »Ach, David, Gott weiß, was geschieht. Wir warten auf bessere Zeiten.« David nickt und denkt daran, wie Samuel ihn salbte. »Ja, Joab«, sagt er, »der Herr wird es wissen.«

David und Joab führen die Männer in eine große Höhle. Da ist es dunkel und schön kühl. »Mittagschlaf!«, befiehlt David. »Und sorgt euch nicht: Ich halte Wache.« Die Zeit

vergeht. Hinten in der Höhle liegen die Männer und schlafen. Vorn in der Höhle ist plötzlich Bewegung. David verbirgt sich. Er zieht sein Messer aus dem Gürtel. Er hält den Atem an.

Da kommt jemand. »Ihr wartet draußen!«, hört er eine Stimme. Was für eine Stimme! Er kennt sie. Es ist die Stimme des Königs. Saul selbst kommt in die Höhle. Und er ist allein. Nicht weit von David lässt er sich nieder. Und gleich ist sein Schnarchen zu hören.

»David, rasch!« Auf einmal ist Joab an Davids Seite. »Töte deinen Feind! So eine Gelegenheit kommt nicht wieder!« David schleicht sich langsam an, geschmeidig wie eine Schlange. Dann ist er da, hinter Sauls Rücken. Nur eine Armlänge entfernt. David streckt die Hand mit dem Messer aus. Er sticht zu.

»Ja!«, hört er Joab flüstern. Rasch zieht er sich zurück. »Gut gemacht, David!«, sagt Joab. Er schaut auf Davids Hand. Kein Blut! Nur ein Zipfel von Sauls Mantel. »Du hast ihn nicht erstochen?«, fragt Joab erstaunt.

David erhebt sich. »Saul!«, ruft er. »Saul, warum verfolgst du mich?« Der König schreckt aus seinem Schlaf. »David? Wo? Warum?« David tritt ins Licht. »Hier, mein Vater!«, ruft er. »Du hast geschlafen, ich habe gewacht. Sieh, was ich habe!« Hoch hält er den Zipfel von Sauls Mantel.

Der König ist sehr blass geworden. »Du hast mich töten können«, sagt er. »Wie kann ich so etwas Unrechtes tun?«, antwortet David. »Du bist der GESALBTE König!« Als Saul das hört, staunt er. »Du bist *gerechter* als ich«, sagt er. »Du hast mich **verschont**. David, mein Sohn, vergib mir! Und höre: Wenn du einst König bist – oh ja, ich kenne dein Geheimnis! – verschone auch meine Kinder!«

Dann verlässt der König die Höhle. Er sieht sich nicht um. »Wir ziehen weiter!«, ruft er seinen Soldaten zu. »Hier sind nur Fledermäuse.«

1 Samuel 22, 1–2 und 24, 1–23

David auf dem Thron

»Rasch, rasch, meine Mägde! Ein Festgewand! Und weg mit den Trauerkleidern!« Michal kommt angerannt. Ihre Mägde eilen herbei. Schon liegen die Trauerkleider am Boden.

Michal hat sie lange getragen. Ihr Vater Saul und ihre Brüder Jonatan und Malkischua sind in einem neuen Kampf gegen die **Philister** gestorben. Und dann gab es einen Kampf um den Thron. Zwischen David und Isch-Boschet, Sauls letztem Sohn.

»Herrin, was ist geschehen?«, fragen die Mägde. Michal ist atemlos. »David kommt!«, ruft sie. »David wird unser König!«

›Endlich!‹, denkt sie. ›Gott sei Dank!‹

»Isch-Boschet hat sich ergeben«, erzählt Michal den Mägden. »Er hat David die Krone gegeben. Und wisst ihr, was David sagte?« Sie hüpft vor Freude und klatscht in die Hände. »Was, Herrin? Was sagte er denn?« Michal erzählt ihnen, was sie gehört hat.

»Diese Krone gehört mir nicht allein«, hat David gesagt. »Ich nehme sie nur, wenn Michal meine Königin wird. Holt die Prinzessin, wir wollen sie fragen!«

Die Mägde kleiden Michal in ihr schönstes Kleid. »Und, Herrin, was sagst du?«, fragen sie froh. »Wie könnt ihr fragen!«, ruft Michal. Sie rennt schon los. »David!«, jubelt sie. »Das weißt du doch: Ich will!«

1 Samuel 31, 8; 2 Samuel 3, 12–14 und 5, 1–5

Rut und der Herr der Völker

»Sing für mich, David, sing von Gott!« Wann immer König David zu Hause ist und – selten genug – mit seiner Königin allein, bringt sie ihm seine Harfe. Sie muss nicht mehr fragen, wer Gott ist. Die Geschichten, die Samuel ihr erzählt hat, von Abraham, Jakob und Mose – diese Geschichten kennt auch David.

Und er erzählt auch eigene: Wie Gott ihm grüne Weide für die Schafe zeigte und frisches Wasser für den Durst. Wie Gott ihm Mut machte gegen die Wölfe und die Geier. Wie Gott mit ihm gegen den Löwen kämpfte. Und schließlich gegen Goliat.

»Woher weißt du, dass es Gott war?«, fragt Michal. »Vielleicht hast du es ganz allein geschafft.«

»Ich glaube nicht«, sagt David. »Gott hat mir *Segen* geschenkt. Es fing ja schon mit meiner Urgroßmutter an …« Und dann erzählt David die Geschichte von Rut …

Einst war in Israel eine große Hungersnot. Und ein Mann aus Betlehem nahm seine Frau und seine beiden Söhne und zog in ein fremdes Land, Moab, um dort das Brot zu suchen, das er zu Hause nicht mehr fand. Und wirklich: Es ging ihnen gut in Moab. Die Söhne heirateten zwei Töchter des Landes. Dann aber geschah es, dass der Mann starb und bald nach ihm auch seine Söhne. Sie hatten noch keine Kinder. So blieben nur die drei Frauen: Noomi und die beiden aus Moab, Orpa und Rut.

Noomi sagte: »Was soll aus mir werden? Ich gehe zum Sterben zurück in die Heimat.« Und ihre Schwiegertöchter folgten ihr. An der Grenze aber blieb Noomi stehen und sagte zu ihnen:

»Orpa und Rut: Kehrt um und geht zurück zu euren Familien. Vielleicht könnt ihr noch einmal heiraten. Vielleicht bekommt ihr Kinder!«
Noomis Vorschlag war gut und Orpa hörte auf sie. Rut aber schüttelte den Kopf. »Nein, Mutter«, sagte sie, »wo du hin gehst, da will auch ich hin gehen. Und wo du bleibst, da bleibe ich auch. Dein Volk ist mein Volk und dein Gott ist mein Gott. Was auch geschieht – ich will dich nicht verlassen.«
  Rut 1–4

»So ist meine Urgroßmutter Rut aus Moab nach Israel gekommen«, endet David. »Sie heiratete dort einen Mann aus Betlehem und bekam einen Sohn, Obed. Das ist der Vater meines Vaters Isai.«

 »Und was hat Gott getan?«, fragt Michal. David lächelt ihr zu. »Ruts Mut und Ruts Treue«, sagt er: »Ich glaube, die kommen von Gott.«

 »Aber Rut gehörte nicht zu Gottes Volk«, sagt Michal. »Ich glaube«, sagt David, »Gott ist der Herr aller Völker.« Michal staunt. »Der Herr aller Völker?« So etwas hat sie von Samuel nicht gehört.

 Da endlich greift David zur Harfe. Er singt für sie das Lied vom König der Völker.

Ihr Völker alle, klatscht in die Hände,
begrüßt unseren Gott mit Freudengeschrei!
Der HERR ist der Höchste,
vor ihm erschrickt alles,
er, der große König, regiert die ganze Erde.

Das Land, das wir besitzen, unser ganzer Stolz –
er selbst hat es für uns ausgewählt,
denn er liebt die Nachkommen Jakobs.

Gott ist zu seinem Thron hinaufgestiegen,
unter Jubelrufen und Hörnerschall nimmt er ihn ein.
Singt und spielt zu Gottes Ehre!
Singt und spielt zur Ehre unseres Königs!

Denn Gott ist der König der ganzen Erde;
preist ihn mit eurem schönsten Lied!
Gott herrscht über alle Völker;
er sitzt auf seinem heiligen Thron.

Die Großen der Völker kommen herbei,
sie versammeln sich mit dem Volk,
das dem Gott Abrahams gehört.
Ihm unterwerfen sich die Mächtigen der Erde,
denn er steht hoch über ihnen allen.

Psalm 47

Wie Gott einen Tempel bekam

Jerusalem, komm mit nach Jerusalem!
Sieh nur: eine neue Hauptstadt! König David hat seine Hauptstadt mitten zwischen
den zwölf Stämmen Israel gewählt: Jerusalem! Die Erhabene.
Hoch auf dem Berg Zion liegt sie, mit Mauern umgeben, eine uneinnehmbare Festung.
In ihrer Mitte entspringt die Quelle Gihon.
Die Könige Israels bauen dort neue Häuser. Als Erster König David. Und dann,
nach David: König Salomo …

Salomos Krönung und der Herr der Schöpfung

Musik spielt. Es gibt Süßigkeiten. Die ganze Hauptstadt, Jerusalem, feiert. Die alte Königin Michal sieht zu. Sie ist müde – müde vom Leben und müde vom Alleinsein. König David ist tot. Der Schmerz ist noch frisch. Michal ist allein geblieben.

Aber eigentlich ist sie schon vorher allein gewesen. König David hat nach Michal noch eine Frau zur Königin gemacht, die schöne Batseba. »So ist es Brauch«, hat er gesagt. »Unsinn!«, hat Michal gesagt. Und nie mehr, nie mehr hat sie ihn gebeten: »Sing für mich, David, sing von Gott.«

Der Sohn der anderen, Batsebas Sohn Salomo, wird heute zum König gekrönt. Ein **Mann Gottes** hat ihn in Gottes Namen **gesalbt**. Michal hat kein Kind. »Mit König Sauls Familie ist es aus«, flüstern die Leute. »Es lebe die Familie Isais!«

Die alte Königin Michal sieht dem neuen König Salomo beim Feiern zu. Wie stolz er seinen neuen Königsmantel trägt – und Davids Krone auf den langen Locken. »Schön ist König Salomo«, sagen die Leute. Und schön ist neben ihm Batseba, seine Mutter. Salomo ist jung. Um ihn sind viele, die ihn beraten: der Priester Zadok und Natan, der Mann Gottes. Und immer und immer Batseba.

»Nein, du Gott Davids«, sagt Michal, »das ist nicht gut!« Da fühlt sie eine Berührung. Aber niemand ist da. »Nur weil es dir nicht gefällt, Michal?«, fragt eine Stimme. Niemand ist da. Aber seltsam: Sie fühlt sich getröstet.

Als das Fest am schönsten ist, steht Michal auf und tritt zu den Musikanten. »Deine Harfe«, sagt sie zu einem der Männer. »Komm, gib mir deine Harfe.« Und dann spielt und singt sie vor allen Gästen das letzte Lied, das sie von David gelernt hat:

Lobe den HERRN, meine Seele!
HERR, mein Gott, du bist sehr herrlich;
du bist schön und prächtig geschmückt.
Licht ist dein Kleid, das du anhast.
Du breitest den Himmel aus wie einen Teppich;
du baust deine Gemächer über den Wassern.
Du fährst auf den Wolken wie auf einem Wagen
und kommst daher auf den Fittichen des Windes,

der du machst Winde zu deinen Boten
und Feuerflammen zu deinen Dienern;
der du das Erdreich gegründet hast auf festen Boden,
dass es bleibt immer und ewiglich.
Mit Fluten decktest du es wie mit einem Kleide,
und die Wasser standen über den Bergen.
Aber vor deinem Schelten flohen sie,
vor deinem Donner fuhren sie dahin.

Die Berge stiegen hoch empor,
und die Täler senkten sich herunter
zum Ort, den du ihnen gegründet hast.
Du hast eine Grenze gesetzt, darüber kommen sie nicht
und dürfen nicht wieder das Erdreich bedecken.

Du lässest Wasser in den Tälern quellen,
dass sie zwischen den Bergen dahinfließen,
dass alle Tiere des Feldes trinken
und das Wild seinen Durst lösche.
Darüber sitzen die Vögel des Himmels
und singen unter den Zweigen.

Du hast den Mond gemacht,
das Jahr danach zu teilen;
die Sonne weiß ihren Niedergang.
Du machst Finsternis, dass es Nacht wird;
da regen sich alle wilden Tiere,
die jungen Löwen, die da brüllen nach Raub
und ihre Speise suchen von Gott.
Wenn aber die Sonne aufgeht, heben sie sich davon
und legen sich in ihre Höhlen.

So geht dann der Mensch aus an seine Arbeit
und an sein Werk bis an den Abend.
HERR, wie sind deine Werke so groß und viel!
Du hast sie alle weise geordnet, und die Erde ist voll deiner Güter.

Es warten alle auf dich,
dass du ihnen Speise gebest zur rechten Zeit.
Wenn du ihnen gibst, so sammeln sie;
wenn du deine Hand auftust,
so werden sie mit Gutem gesättigt.

Lobe den HERRN, meine Seele! Halleluja!

Aus Psalm 104

Als Michal zu Ende gesungen hat, stehen die Gäste und staunen. »Gott?«, fragen sie. »Wer ist das? Der Gott Abrahams und Moses und Davids, der Gott Israels: Kann er so groß sein? HERR DES SEGENS, HERRSCHER DER VÖLKER, KÖNIG DER GANZEN WELT!?«

Der neue König Salomo tritt zu Michal und verneigt sich. »Gott hat zu mir gesagt: Sei mein Sohn und meine *rechte Hand*, Salomo – und König über Israel in meinem Namen. Ich danke dir für das Lied, Michal. Ich werde Gott die Ehre geben.«

2 Samuel 11, 26–27; 1 Könige 1, 38

Salomos Weisheit und das Kind zweier Mütter

Die Nacht ist schwarz und stumm. Salomo, der neue König, zieht sich die Decke über den Kopf. Neben ihm liegt der Königmantel. Und darauf die Krone. Der Thron ist ihm zu groß. Und wenn er ehrlich ist: Der Mantel ist zu lang. Und die Krone, die ist auf seinen Ohren hin- und hergerutscht. Salomo hat noch das Lied im Ohr: »Herr, mein Gott, du bist sehr herrlich.«

Auf einmal fängt Salomo an zu reden. »Herr, du Gott Abrahams und Jakobs, HERR DES SEGENS, Herr, du Gott Moses, GROSSER BEFREIER, Herr, du Gott Israels, deines Volkes, o du mein Gott! Ich bin zu jung und zu wenig klug für den Thron und die Krone. Herr, du musst mir helfen!«

Da ist es ihm, als ob die Nacht hell wird. Und er hat drei Träume:

Er sieht sich in bunten Gewändern, mit goldenen Ringen und Ketten. Er sieht Sonne, Mond und Sterne, wie sie sich vor ihm verneigen. Und er sieht sich selbst im Gewand eines weisen Mannes.

Und eine Stimme spricht: »Wähle, Salomo: Was soll ich dir schenken?« Salomo schaut alle drei Träume noch einmal an. »Herr«, sagt er, »das alles ist gut zu haben. Aber wenn ich als deine *rechte Hand* auf dem Thron sitze, dann fehlt mir am meisten die Weisheit: zu wissen, was gut und böse ist – bei anderen und bei mir.«

»Was ist das für ein Lärm?« Am Morgen schreckt Salomo aus dem Schlaf. Laute Stimmen dringen bis in das Schlafgemach des Königs, Streit und Geschrei. Salomos Berater eilen herbei. »Herr, es sind zwei Frauen. Sie bitten um dein Urteil!« Salomo reibt sich den Schlaf aus den Augen. »Bitten klingt anders«, sagt er. Er lässt sich seinen Mantel umlegen und setzt die Krone auf. Dann führen ihn die Berater in den Thronsaal.

Zwei Frauen, eine in Grün, eine in Gelb, stehen einander gegenüber. Ihre Gesichter sind rot. Sie schreien sich an. Die eine hat die Hände in den Hüften. Die andere hat die Fäuste geballt.

»Es ist meines!«, ruft die Frau im grünen Umhang. »Nein, es ist meines«, ruft die Frau in Gelb. So geht es hin und her. Die Diener des Königs halten sich schon die Ohren zu. »Um was streiten sie?«, fragt Salomo die Berater. »Um ein Kind, Herr«, sagt Zadok, der **Priester**. Und Natan, der **Mann Gottes**, erzählt eine Geschichte.

Beide Frauen haben in derselben Nacht im selben Haus ein Kind geboren. Jede hat ihr Kind geküsst und in den Arm genommen. Und dann sind beide eingeschlafen. Am Morgen merken sie: Eines der Kinder ist in der Nacht gestorben. Das andere lebt. Die, die das tote Kind im Arm hat, sagt zu der anderen: »Du hast die Kinder heimlich ausgetauscht!« Und die andere erwidert: »Nein, das habe ich nicht!« So geht es hin und her – die Nachbarn kommen und raten: »Bringt die Sache vor den König. Er wird euer Richter sein.«

»Wo ist das Kind?«, fragt König Salomo. Eine Dienerin bringt ihm ein Bündel. Darin ist das Kind, winzig klein, und schläft. »Wo ist mein Schwert?«, fragt König Salomo. Ein Diener kommt und bringt sein Schwert. Es hat eine scharfe Klinge.

Der König nimmt das Schwert und hebt es hoch – über seinen Kopf und über das Kind. »Herr, was wirst du tun?«, fragen die Berater. »Ich teile das Kind«, sagt König Salomo. »Jede der Frauen bekommt die Hälfte. Ist das nicht *gerecht*?«

Die beiden Frauen haben aufgehört zu streiten. Sie haben Salomos Worte gehört. Die Frau in Grün nickt. »Oh ja, Herr«, sagt sie. »Sehr gerecht.« Die andere aber wird blass. »Herr, gib das Baby ihr! Sein Leben ist viel mehr wert als mein Recht!«

Der König lässt das Schwert sinken. Er gibt es dem Diener. Er legt der Frau das Kind in die Arme. »Frau«, sagt er, »wer du auch bist: Du hast die Liebe einer Mutter.«

Später stehen Salomos Berater zusammen. »Er hat uns nicht gefragt«, sagt der eine. »Er hat gewusst, was er tut«, sagt der andere. »Er braucht uns nicht«, sagt Zadok. »Wie *weise* ist der König!«

»Gestern war er's nicht«, sagt Natan. »Gott schenkte ihm die Weisheit über Nacht.« Salomo hat ihn gehört. Da lacht er – nur für sich – und spricht ein leises »Gott sei Dank«!

Aus 1 Könige 3, 5–28

»Wo wohnt Gott?«

»Sieh dir nur diese Baustelle an!« Zwei Männer von dunkler Haut wandern durch Jerusalem. Die Königin von Saba – aus Afrika – ist zu Besuch bei König Salomo. Die Männer sind ihre Diener. Die beiden Diener staunen. Was in Jerusalem alles gebaut wird! Paläste für den König Salomo. So groß, so hoch und so kostbar!

»Und diese hier!«, ruft der zweite. Er zeigt zur anderen Seite. Aus edlem Holz und Gold und Elfenbein entsteht ein hoher, strenger Bau. »Noch ein Palast?«

Einer der Bauleute hat ihn gehört. »Das wird das *Haus des Herrn*«, sagt er. »Sag ich doch«, entgegnet der Afrikaner. »Noch ein Palast!« Der Baumann schüttelt den Kopf. »Der Herr ist Gott«, sagt er. »Welcher Gott?«, fragen die Afrikaner. »Wir kennen viele Götter.«

»Wir kennen nur den einen«, sagt der Baumann. »Er ist der Gott Israels, der König der Könige.«

»Und der bekommt ein Haus?« Die Afrikaner staunen wieder. »Lange Zeit war Gott der Grosse Begleiter«, erzählt der Meister der Bauleute. »Mit Mose und mit Israel zog der Herr des Segens durch die Wüste. Er zeltete wie wir. Nun aber, da Israel sich Häuser baut, wird auch Israels Gott in einem Haus aus Holz und Steinen wohnen.«

»Ob er das will?«, fragt plötzlich ein kleiner Junge. Und König Salomo, der gerade vorbeikommt, streicht ihm übers Haar. »Nicht immer«, sagt er. »Aber immer, wenn Gott will.«

Aus 1 Könige 7, 1 und 10, 1–13

Herr, Gott Israels,
es ist kein Gott
weder oben im Himmel
noch unten auf Erden
dir gleich.

Du hältst den Bund, den du geschlossen hast
mit Abraham und Jakob-Israel und David.
und auch jetzt!
Mit deinem Mund hast du geredet
und mit deiner Hand hast du es erfüllt.
Ich will dich loben und ehren,
solange ich lebe,
und will meinen Kindern
von dir erzählen.
Wir sind dein.

Ich weiß: Das Haus, das ich für dich gebaut
habe, ist viel zu klein für dich.
Aber wenn du uns besuchen willst,
von Zeit zu Zeit,
dann sind wir froh.

Denn das ist dein Name:
Ich bin, der ich bin, und ich bin für euch da.
Amen.

Aus 1 Könige 8, 12–21

Geschichten von Gott dem Schöpfer des Himmels und der Erde

Gott spricht: »Ich will nicht allein sein!«

HERR, unser Herrscher, wie herrlich ist dein Name in allen Landen,
der du zeigst deine Hoheit am Himmel!

Wenn ich sehe die Himmel, deiner Finger Werk,
den Mond und die Sterne, die du bereitet hast:
Was ist der Mensch, dass du seiner gedenkst,
und des Menschen Kind, dass du dich seiner annimmst?

Du hast ihn wenig niedriger gemacht als Gott,
mit Ehre und Herrlichkeit hast du ihn gekrönt.
Du hast ihn zum Herrn gemacht über deiner Hände Werk,
alles hast du unter seine Füße getan:
Schafe und Rinder allzumal,
dazu auch die wilden Tiere,
die Vögel unter dem Himmel und die Fische im Meer
und alles, was die Meere durchzieht.

HERR, unser Herrscher,
wie herrlich ist dein Name in allen Landen!

Aus Psalm 8

Am Anfang

Komm mit in die Gärten und Häuser der Weisen von Israel …
Es war zu der Zeit, als sie die Geschichten von Abraham und Sara, von Jakob und
Rahel, von Mose und Mirjam sammelten. Da suchten sie auch Antwort auf die großen,
schweren Fragen des Lebens: woher und wohin, wozu und warum. Sie kleideten ihre
Antworten in uralte Geschichten und sie erzählten sie alle mit ihrem gütigen Gott.
Höre zuerst ein Lied; höre und singe das Lied von GOTT DEM GROSSEN JA-SAGER.

»Wer hat die Welt gemacht?«

Sieh nur, sprichst du: helles Licht,
das strahlend durch die Wolken bricht.
Gott hat zum Licht einst Ja gesagt.
Da hat's zum ersten Mal getagt.

Sieh nur, sprichst du: Himmelszelt,
wie groß, wie weit die ganze Welt.
Gott hat zur Welt einst Ja gesagt.
Da hat's zum zweiten Mal getagt.

Sieh nur, sprichst du: festes Land,
und Flüsse fließen wie ein Band.
Gras wächst, das Kuh und Schafe fressen,
Obst und Gemüse – gut zu essen.
Gott hat zum Land einst Ja gesagt.
Da hat's zum dritten Mal getagt.

Sieh nur, sprichst du: gelber Mond,
der über uns am Himmel thront.
Gott hat zu Mond und Sonne Ja gesagt.
Da hat's zum vierten Mal getagt.

Sieh nur, sprichst du: Welch ein Schwarm!
Fische und Vögel, kalt und warm.
Gott hat zum Ei einst Ja gesagt.
Da hat's zum fünften Mal getagt.

»... und wem gehört sie?«

Sieh nur, sprichst du: Tiere. Ich.
Männlich und weiblich, dich und mich:
Gott hat zu Schützern uns bestellt
für diese ganze schöne Welt.
Gott hat zum Leben Ja gesagt.
Da hat's zum sechsten Mal getagt.

Und fragst du: Was ist dann geschehn?
Gott hat die Welt mit Freude angesehn.
Gott hat ihr Frieden zugesagt.
Da hat's zum siebten Mal getagt.

Genesis 1 und 2, 1–4a

Ein für alle Mal

Komm, höre weiter: Geschichten vom Leben, von Weisen erzählt.
Komm mit und sieh, wie die Menschen sich Schritt für Schritt von ihrem Schöpfer
entfernen. Die Weisen nennen das Sünde. Gott lässt sie gehen, aber er sieht ihnen nach.
Du fragst vielleicht: »Warum ist unser Leben so, wie es ist? Warum ist es so mühevoll,
bald hell und bald dunkel?« Die Weisen antworteten mit einer Familiengeschichte.
Höre von Adam und Eva, von Abel und Kain und erkenne daran, wie Menschen
so sind …

»Wer bin ich?«

Es war einmal ein ganz besonderer Tag,
es war der erste überhaupt.

Da beugte sich das HÖCHSTE WESEN
und griff sich einen Klumpen Lehm.

Das WESEN hatte Arme, Beine,
Augen, Ohren, Mund und Nase wie ein Mensch.
Der Mensch jedoch – der war noch nicht geschaffen.

Das HÖCHSTE WESEN nahm den Klumpen Erde
und hielt ihn in der Hand.
»Ich will doch sehen, was das wird!«

Dann fing das HÖCHSTE WESEN an und baute. Es knetete und formte.
»Ein Wesen wird's, ein kleines!«

Das HÖCHSTE WESEN schaute einmal hin – da war es noch nicht gut.
Das HÖCHSTE WESEN schaute nochmals hin, da war es schon viel
besser.
Das HÖCHSTE WESEN schaute dann zum dritten Mal,
da war der Mensch entstanden:

ein Wesen in der Hand des HÖCHSTEN,
mit Armen, Beinen, Augen, Ohren, Haut, Haar, Mund und Nase.
Jedoch noch eines fehlte: Da war kein Leben in dem Mann.

Ganz sanft blies nun das HÖCHSTE WESEN
dem kleinen seinen Atem ins Gesicht.
Da schlug das Wesen seine Augen auf
und sah sich staunend um.

»Oh Gott!«, sprach es. »Ich danke dir!
Du hast mich wunderbar gemacht!«
»Adam«, sagte Gott. »Ich grüße dich.
Ich geb dir meinen *Segen*.«
»Segen?«, fragte Adam.
Gott sagte: »Du wirst sehen.«

Genesis 2, 4b–7

»Wo bin ich?«

Es war ein ganz besonderer Tag,
der erste Tag des Menschen.

Da wurde Gott zum GROSSEN GÄRTNER.
Er pflanzte einen Garten, nach Osten hin, in Eden.

Als Erstes: eine Hecke. Was drinnen war,
das sollte nicht verloren gehen.
Und mitten drin war eine Quelle,
da sprudelte es frisch und klar:
Wasser des Lebens für den Menschen,
die Pflanze und das Tier.
Das Tier jedoch – das war noch nicht geschaffen.

Vier Flüsse flossen aus der Quelle.
An ihren Ufern ließ der GROSSE GÄRTNER
Pflanzen wachsen, die Blüten, Früchte oder Beeren tragen.
Und Blumen, nur fürs Auge.

Der GROSSE GÄRTNER schaute einmal hin – da war es noch nicht gut.
Er schaute nochmals hin, da war es schon viel besser.
Er schaute dann zum dritten Mal, da war der Garten fertig,
ein guter Ort für Mensch und Tier.
Das Tier jedoch, das war noch nicht geschaffen!

Und GOTT DER HÖCHSTE nahm den Menschen
erneut in seine Hand. Und setzte ihn behutsam
in seinen Garten, unter einen Baum.
»Oh Gott, mein Herr!«, rief Adam froh.
»Ich danke dir. Das hast du wunderbar gemacht!«

Gott drückte ihm die Harke in die Hand.
»Von nun an wirst du Gärtner sein.«
»Gärtner?«, fragte Adam. Gott sagte:
»Du wirst sehen.«

»Und eines noch«, sprach Gott, »ich rate dir:
Von allen Bäumen kannst du essen.
Der eine aber, in der Mitte, tut nicht gut.
Wenn du hier leben willst,
iss nicht von seinen Früchten.«

Genesis 2, 8–16

»Was brauche ich?«

Es wurde eine ganz besondere Zeit:
die erste Zeit im Garten Eden.

Der Mensch wurde ein Gärtner.
Er säte und er erntete, er gab den Pflanzen Namen.
Er schlief und wachte, aß und trank
und freute sich am Leben.

Von Zeit zu Zeit sah GOTT DER HERR nach ihm,
nach seinem Garten und dem Gärtner.
Und eigentlich war alles gut.
Nur eines fehlte Adam – er spürte es und konnte es
nicht sagen: »Warum«, sprach er im Herzen,
»warum bin ich allein?«

Gott hat es aber doch gehört, Gott fasste einen Plan.
Noch einmal wurde Gott zum TÖPFER.

Er formte neue Wesen:
mit Flügeln und mit Flossen,
mit Federn oder Schuppen oder Fell.
Sie sangen, piepsten, muhten, brüllten,
miauten, bellten, wieherten,
sie fiepsen und sie schwiegen –
sodass es Lärm war oder ein Konzert.

Der GROSSE TÖPFER sah nur einmal hin –
und brachte sie zu Adam.
»Sag du mir, was sie sind«, sprach er.
Und Adam schaute auf.
»Oh Gott«, rief er, »das sind natürlich Tiere.
Du hast sie wunderbar gemacht!«

Und Adam setzte sich und sah sie alle an: die
Löwen, Elefanten, Mäuse,
die Fische, Vögel, Käfer, Läuse,
die Kröten und die Schlangen –
und nannte sie beim Namen.
Und eigentlich war alles gut.

Nur eines fehlte Adam noch:
»Warum bin ich allein?«
Denn all die Tiere waren zwei:
ein Weibchen und ein Männchen.

Gott hat auch das gehört – er wurde zum Chirurgen:
Aus einer Rippe Adams baute er – als Adam schlief – die Frau.
Und Adam wachte auf und rief: »Oh Gott!
Da ist sie, die mir fehlte! Ihr Anblick wärmt mich
durch und durch! Ich will gut auf sie achten!«
»Und ich auf dich«, versprach ihm Eva.
»Wir werden sehen«, sagte Gott.
Genesis 2, 18–25

»Was will ich?«

Es wurde eine ganz besondere Zeit:
die erste Zeit mit Eva.

Adam und Eva lachten miteinander.
Sie waren nicht erwachsen.
Sie spielten Fangen und Verstecken,
sie ernteten und säten
und teilten, was sie hatten.

Nur eines fehlte ihnen noch: Sie spürten es
und konnten es nicht sagen:
»Wozu ist diese Hecke da?
Und was, was wartet draußen?«

Und jenen einen Baum, vor dem Gott
Adam warnte, sah Eva immer öfter an.
»Was ist an ihm besonders?«

Das klügste Tier im Garten war die Schlange.
Die Schlange hörte wohl, was Eva dachte.
Und zischelte sie an. »Besonders ist an ihm:
Er macht dich klug.«

Und Eva hörte, was die Schlange sagte:
»Gott weiß, was draußen wartet.
Esst ihr von diesen Früchten, wisst ihr's auch.«

Da konnte Eva nicht mehr warten
und Adam machte mit:
Sie aßen von den Früchten.

Es tat nicht gut. Sie spürten es.
»Oh Eva!«, sagte Adam.
»Was haben wir getan?«

Genesis 3, 1–7

»Wohin gehe ich?«

Es wurde keine schöne Zeit,
die erste Zeit danach.

Adam und Eva duckten sich.
Ja, sie versteckten sich vor Gott.
Und dann kam GOTT DER HERR
und sah nach seinem Garten.

Er rief nach Adam: »Adam, wo versteckst du dich?«
und Adam kam hervor, mit Eva an der Hand.

»Die Schlange war es!«, riefen sie.
»Sie hat uns schlecht beraten.«
»Ich riet euch gut«, sprach Gott.

Der Garten war zu eng geworden;
der Mensch jedoch erwachsen.

»Geht nun und seht«, sprach GOTT DER RICHTER,
»was draußen auf euch wartet.
Doch seht euch vor: Es tut nicht alles gut!«

Er öffnete das Tor für sie und sah sie lange an.
Von draußen kam ein frischer Wind.
»Wir werden frieren«, sagte Eva.

Da wurde Gott zum SCHNEIDER.
Aus Fellen machte er den Menschen
Kleider und zog sie ihnen an.

»Nun geht mit meinem Segen«, sagte Gott,
voll Sorge wie ein VATER.
»Wann kommen wir zurück?«, sprach Adam.
Und Eva sprach: »Wir werden sehen.«

Denn Gott der HERR DES SEGENS schwieg.
Er schloss das Tor. Und einen Engel ließ er wachen.

Genesis 3, 8–24

»Leben mit dem Segen – wie geht das?«

Es wurde eine ganz besondere Zeit,
die erste Zeit da draußen.

Adam verliebte sich. Und Eva auch.
Adam und Eva liebten sich.
Und sie bekamen Kinder:
den starken Kain, den sanften Abel.

Gemeinsam bauten sie ein Haus.
Sie lernten, wie man Weizen pflanzt,
sie lernten Schafe scheren.
Die Eltern wurden älter
und Kain und Abel groß.

Nur manchmal noch erzählte Adam vom Anfang
und von Eden. »Und GOTT DER HERR«,
erzählte er, »der kam bisweilen selbst.

Er sah nach mir und ich sah ihn.
Das habe ich verloren.«

Da wurde Eva seine Trösterin:
»Sieh Kain, sieh Abel an – und mich!
Sieh doch das Korn, sieh unsere Schafe …
Wir haben viel. Wir haben Gottes *Segen*.«

An solchen Tagen fassten Kain und Abel einen Plan:
»Wir wollen Gott für seinen Segen danken.
Wir geben ihm von unserm Korn,
wir geben ihm ein Schaf!«

Genesis 4, 1–2

»Wie weit kann ich gehen?«

Es war ein ganz besonderer Tag,
der Tag des ersten *Opfers*.

Da standen zwei *Altäre*, Tisch des Herrn,
auf denen Holz gestapelt war.
Auf Kains Tisch lagen Ähren,
auf Abels Tisch ein totes Schaf.

Und Adam hob die Hände.
»Herr!«, sprach er. »Gott, wir danken dir.
Sieh doch: das Opfer, das wir bringen.
Du gibst uns *Segen* – Korn und Fleisch.

Du hast mir eine Frau gegeben
und Söhne, sanft und stark!
Komm, sieh nach uns – ach, so wie einst!«

Das Korn verbrannte und das Schaf.
Sie gingen wieder heim.

»Hast du es auch gespürt?«
So fragte Abel seinen Bruder.
»Was?«, fragte Kain.
»Ich glaube, Gott hat mich berührt.
Es war ein Hauch, ganz sanft.«
»Da war nichts«, sagte Kain.

Doch Adam horchte auf.
»Mensch, Abel: Gott hat dich berührt?
Mein Sohn, wie wunderbar!«
Kain sah, dass Adam staunte.

Auf einmal packte Kain die Wut.
»Mich!«, schrie er. »Mich muss Gott berühren!
Ich – ich bin doch der Erste!«
Er schüttelte die Fäuste.

»Zähme deine Wut, sie ist ein wildes Tier!«
Auf einmal war da eine Stimme.
Doch weder Adam hörte sie
noch Kain in seinem Wüten.

»Dem andern wehzutun, ist **Sünde** –
Du trennst das Band, das Gott und Mensch
und alles Leben auf der Welt verbindet!«

∽

Am andern Tag, nach einer langen Nacht,
ging Kain mit Abel auf die Felder –
und keiner kehrte heim.

Der eine, Abel, lag erschlagen,
der andere, Kain, war auf der Flucht.

∽

»Wo ist dein Bruder?«, fragt ihn GOTT DER VATER.
Und Kain senkt stumm den Blick.

»Geh fort«, spricht GOTT DER RICHTER.
»Der **Fluch** der Tat wird dich verfolgen.
Dein Land, dein Korn – den Segen hast du dir verdorben.«

Kain erschrickt. »Dann hab ich – bin ich – wohl **verloren**?«
»Du bist noch immer mein«, sagt Gott.
Und macht auf ihn sein Zeichen.

Genesis 4, 3–15

Wie lange noch?

Komm und sieh, wie bei den Menschen die Macht der Sünde wächst: Eifersucht und Selbstsucht sind geboren. »Es gibt kein Zurück«, sagen die Weisen.
Fragst du nach Gottes Geduld und ob Gott sie einmal verliert? Die Weisen Israels antworteten mit zwei uralten Geschichten. Sie gaben ihnen ein neues, anderes Ende. Sieh, wie es ausgeht, höre die Geschichten: von einer großen Flut, von einem hohen Turm.

Wer rettet vor dem Ende?

Komm mit in den Bauch der Arche. Das ist ein riesiges Schiff.
Komm mit und sieh: Menschen und Tiere haben hier Zuflucht gefunden. Im Halbdunklen hocken sie, eng beieinander: Löwe und Lamm, Bär, Schlange und Reh. Hund und Katze, Hamster und Maus. Komm und höre: Gebrüll und Geheul, Gebell und Miau, Zirpen und Zwitschern, Brummen, Meckern und Muh. Und stell dir das Unglaubliche vor: Unwetter draußen schafft drinnen Frieden …

Es hört nicht auf!

»Ach, dieser Regen!« Jafet seufzt.
Schon vierzig Tage regnet es.
Er streichelt einen Löwen.
Er hat ihn sich zum Freund gemacht.

»Ach, dieses Schiff!« Er ist in ihm gefangen –
in diesem Schiff und zwischen all den Tieren.
Das Schiff heißt **Arche**, Kasten,
und Noach, Jafets Vater, hat's gebaut.
Da war der Himmel heiter.

»**Sintflut!**«, hat Noach laut gesagt.
»Ein großer Regen kommt.
Und er wird alles überschwemmen.«
Von da an hat er losgebaut.
»Wie weißt du das?«, hat Jafet ihn gefragt.
Und Noach hat gesagt:
»Ich höre GOTT DEN HERRN.«

Der große Regen ist gekommen,
als Noachs Arche fertig war.
Und eilends rief er seine Söhne,
Jafet und Sem und Ham.
Die Frauen rief er auch, Jafets und
Sems und Hams, und ebenso die seine,

dazu noch all die Tiere, von jeder Art ein Paar.
»Um euch zu retten«, rief er laut:
»Kommt und sucht Schutz,
hier ist für alle Platz!«

»Ach, dieser Regen!« Jafet mag jetzt
keinen Zwieback mehr.
»Ich bin es leid!«, sagt er zu seinem Vater.
»Wenn das von Gott kommt, sag es ihm!«

Noach hat ein Mäuschen auf der Hand.
»Du bist den Zwieback leid, Jafet?
Vielleicht ist Gott viel mehr
das Hin und Her auf seiner Erde leid?
Die Menschen, ihre *Sünden*?«

»Sie tun auch Gutes«, sagt Jafet.
Genesis 6, 9–22 und Genesis 7

Es dauert an!

Am Morgen ist der Regen still.
Und Noach öffnet eine Luke.
Nimmt eine Taube auf die Hand.
»Flieg, meine Schöne«, sagt er ihr.
»Und wenn du Land siehst, bau ein Nest.«

Die Taube aber kommt bald wieder.
»Kein Land in Sicht«, sagt Noachs Frau.
Die Söhne trösten ihre Frauen.

Und so vergehen sieben Tage,
bis Noach wieder seine Taube fliegen lässt.
»Und wenn du Land siehst, bau ein Nest.«

Es dauert eine Weile.
Dann ist die Taube wieder da.
Im Schnabel trägt sie einen Zweig.

Die Menschen in der *Arche* freuen sich.
Es ist ein Zweig der *Hoffnung*
nach der Flut.

Und wieder sieben Tage später
fliegt Noachs Taube fort.
Und kommt und kommt nicht wieder.

»Jetzt hat sie Land gesehen!«, ruft Jafets
Frau.
»Sie hat ein Nest gebaut«, sagt Sems.

Und Noach hat auf Gott gehört:
»GOTT UNSER RETTER spricht:
Nun geht getrost an Land.«
Genesis 8, 1–17

Endlich!

Das Tor der *Arche* öffnet sich.
Die Tiere gehen in Paaren.
Sie schütteln sich und recken sich.
Sie rufen laut ihr Glück.
Und huschen, rennen, hüpfen fort.

Sem, Ham und Jafet kommen dann.
Sie halten ihre Frauen an der Hand.
»Gelobt sei Gott!«, ruft Noachs Frau.
Und Noach nickt und spricht:
»Wir bringen ihm ein *Opfer!*«

Gemeinsam stehen sie am Tisch des Herrn,
der letzte Zwieback brennt.
»Oh GOTT DU RICHTER, GOTT DU RETTER,
wie dankbar sind wir dir!«,
ruft Noach in die frische Luft.

Dann steht er still.
Er spürt etwas. Er hört, er sieht ...
»Was?«, fragt ihn seine Frau.

Und Noach hebt die Hand:
Ein Bogen steht am Himmel,
ein bunter Regenbogen.
»Ein Zeichen!«, rufen Ham und Sem.
»Ein Zeichen für den *Frieden!*«

»Gott spricht: Ich will ein Neues schaffen.
Der Tod hat nicht gesiegt.
Gott liebt das Leben, nicht den Tod!«
So, sagte es Noach, spricht sein Gott.

Als alle anderen Hütten bauen,
steht Jafet noch allein.
»Ach, dieser Regen!«, sagt er müde:
»Ach, großer Gott, warum?«
Genesis 8, 18–22 und 9, 8–17

»Können Menschen alles schaffen?«

Komm mit auf eine große Baustelle.
Und stell dir vor: Es ist die erste überhaupt. Es ist das erste Mal, dass Menschen
bauen, dass sie gemeinsam etwas schaffen. Sie haben nichts als ihre Hände, als
ihre Stimmen, ihre Fantasie. Und greifen doch gleich nach den Sternen …

Die erste Stadt

»Kommt, wir bauen eine feste Stadt.«
Es war einmal ein Volk,
das hatte gutes Land gefunden.
Und da beschlossen sie zu bleiben.
Und so erfanden sie die Stadt.

Die Ziegel brannten sie aus Lehm.
Mit Mörtel klebten sie sie fest.
So wuchsen Mauern, Hütten und Häuser.
Und eine feste Burg.

»GOTT DER BAUHERR gab uns **Segen**«,
hat einer wohl gesagt.
»Kommt, lasst uns Gott ein **Opfer** bringen,
dass alles gut gelungen ist!«

Die anderen sagten Nein.
»Das haben wir allein geschafft!
Wir müssen keinem danken.«

Ein allzu hoher Turm

»Kommt, wir bauen einen hohen Turm.«
Sie fassten neue Pläne.
»Wir wollen hoch im Himmel leben.
So hoch und höher noch als Gott.
Den brauchen wir nicht mehr.«

Der Turmbau ging nicht gut voran.
Die Menschen fingen an zu streiten.
»Was diesem Bauwerk fehlt«,
sprach einer wohl,
»ist GOTT DER BAUHERR und sein *Segen*.«

Sie aber wollten ihn nicht hören.

Am Ende war es so:
Sie sprachen kaum noch miteinander.
Der Turm war längst nicht fertig,
da zogen sie davon – weit fort in ferne Länder.
Und lernten neue Sprachen.

»Das«, sagte einer wohl, »hat Gott gemacht.
Damit wir wieder auf ihn hören.«
Genesis 11, 1–9

Warum?

Komm und sieh: die Traurigen und die, die Schmerzen leiden; Verlorene und
Verlassene und die, die Unglück haben.
So mancher hat sich schon gefragt: Wo ist denn Gott, wenn Menschen leiden?
Sieht er nicht hin? Hat er das Unglück etwa selbst geschickt?
Auf keinen Fall, sagten die Weisen. Und sie erzählten die Geschichte von Ijob,
von einem weisen, reichen Mann in einem fernen, fremden Land …

»Wie sehr muss Gott ihn lieben!«

Es war einmal ein Mann im Lande Uz.
Der hatte einfach alles:
zehn Kinder, eine schöne Frau,
ein großes Haus und sehr viel Land.
Er hatte 7 000 Schafe, 3 000 Kamele,
1 000 Rinder und ein halbes Tausend Eselinnen.
Und Mägde und Knechte genug.

»Gott hat ihn *gesegnet*«,
sagten die Leute im Lande Uz.
Und mehr als das: »Gott muss ihn lieben.«
Und schließlich: »Ijob ist Gottes Lieblingskind.«

Ijob war **gerecht** und gut.
Er sorgte für die Armen.
Den Schwachen half er auf.
Abends am Feuer sprach er oft
von Gott dem HERRN DES SEGENS.

»Alles, was ihr habt, verdankt ihr Gott«, sprach er.
»Und darum: Dankt dem Herrn
mit allem, was ihr tut.«
»So wie du?«, fragte die jüngste Tochter.
»Wie ich«, sprach er und küsste sie.

Ijob las in den Schriften der Weisen.
Er las das **Gesetz**, die **Gebote** des Herrn.
Er las die Geschichten der Vorfahren.
Er **betete** dreimal am Tag.
Am **Sabbat**, dem siebten Tag der Woche, hielt er Ruhe.
Tat nichts und lobte nur den HERRN.

»Mein Mann liebt Gott«,
erzählte seine Frau den Nachbarinnen.
Sie trafen sich im Sonnenschein bei einer Blütenhecke.
»Und?«, sagte eine kühl.
Ihr Mann war dumm und ungerecht.
»Er hat auch allen Grund.«
Die Nachbarinnen nickten.

»Wie meinst du das?«, sprach Ijobs Frau.
»Wir meinen«, sagte sie: »Wenn einer reich und glücklich ist,
fällt es ihm leicht, den HERRN zu loben.«
Als sie das sagte, zog ein Wölkchen vor die Sonne.
Der Tag verlor den Glanz.
»Verliert er aber, was er hat,
dann hat er Gott im Nu vergessen.«
Da kam ein Sturm und trug die Blütenblätter fort.

Ijob 1, 1–12

»Wie sehr muss Gott ihn hassen!«

Es war einmal ein Mann im Lande Uz.
Dem ging alles verloren.
Erst raubten Räuber seine Herden:
7 000 Schafe, 3 000 Kamele, 1 000 Rinder.
Die Knechte starben bei dem Überfall.
Dann kam ein Feuer und die Scheunen brannten ab.
Das Dach des Hauses stürzte ein.
Die Kinder starben, alle zehn.

»Gott hat Ijob nicht mehr lieb«, sagten die Leute.
Und schlimmer noch: »Wie muss Gott Ijob hassen.«

Ijob änderte sich nicht: Gut blieb er und gerecht.
Er sorgte für die Armen.
Den Schwachen half er auf.
Er las auch weiter das *Gesetz*.
Und betete – sechsmal am Tag.
Am Sabbat hielt er Ruhe.
Tat nichts und lobte nur den Herrn.

Dann wurde Ijob krank.
Mit Beulen auf der Haut und Fieber.
Die Frau lief rasch zum Arzt.

 »Wir können ihm nicht helfen.«
Die Magd des Arztes wies sie ab.
»Dein Ijob ist *verflucht*. Dagegen hilft kein Mittel.«

»Ijob liebt Gott. Und Gott liebt ihn«,
versicherte die Frau.
Da lacht die Magd sie aus.
»Das weiß ich aber besser!«
Und sie versperrt die Tür.

»Wie meinst du das?«, sprach Ijobs Frau.
Die Magd hob ihren Zeigefinger.
»Was einer leidet, kommt von Gott«, sprach sie.

»Der *Priester* hat's gesagt.

Entweder: Ijob hat **gesündigt.**
Dann straft ihn GOTT DER RICHTER.
Oder: Ijob ist zu stolz.
Und GOTT DER HÖCHSTE macht ihn klein.«
Sie schloss die Tür mit einem Knall.

Als Ijobs Frau nach Hause kam, saß Ijob in der Asche.
So trauert einer, der kein Licht mehr sieht.
»Du bist **verloren**«, sagte seine Frau,
»du bist von Gott verflucht.
So fluche auch und stirb.«

»Der Herr hat's gegeben, der Herr hat's genommen«,
entgegnete ihr Mann.
»Geheiligt sei sein Name.«
Dann sprach er gar nichts mehr.

Ijob 1, 12–22; 2, 1–10

»Wo ist mein Gott?«

Dann, eines Tages, kamen Ijobs Freunde:
Elifas, Bildad und Zofar. Sie kamen von weit her.
Sie setzten sich zu ihm. Sie hielten mit ihm still.
Sie saßen in der Asche
und waren stumm wie er.

Da kam es über ihn und brach aus ihm heraus:
»Mein Gott!«, schrie er. »Sag mir, warum?«
Die Freunde schreckten auf.
Sie machten »pst« und »schsch!«.
»So spricht man nicht mit GOTT DEM HERRN!«

Ijob aber hörte nicht. Er riss die Arme hoch.
»Gib Antwort, Gott: warum?«

Auf einmal hörte er es donnern.
Und Blitze zuckten über ihm.
Ihm war, als sähe er, wie Gott das Leben schuf:
das Licht, den Himmel, Meer und Land,
die Sonne, Mond und Sterne.
Die Fische, Vögel, Tier und Mensch.
Und Nahrung und Leben für alle.

»Kennst du das Herz der Welt, Ijob?«
Die Frage schien von Gott zu kommen,
dem Schöpfer und Bewahrer.
»Und hältst du es am Leben?
Ja, bist du weiser noch als ich?
Dann komm und tritt an meine Stelle!«

Da neigte Ijob seinen Kopf.
»Das kann ich nicht!«, sprach er.
»Du weißt: Ich kann es nicht.«

»Dann quäl dich nicht, den Grund zu sehen.
Dann glaub mir nur: Ich strafe nicht.
Ich prüfe nicht. Und meine Liebe gilt dem Leben.
Mein Kind, ich weine deine Tränen.«

Da fand der Kranke Trost und Kraft.
Er atmete tief durch. Er ließ die Asche Asche sein.
»Ich weiß jetzt«, rief er seinen Freunden zu,
»dass mein Erlöser lebt.«

Es heißt, dass Ijob später alles wiederfand: Gesundheit, Reichtum, Haus und Kinder. Doch da hat die Geschichte einen Fehler. Denn Kinder, die verloren gehen: Wer könnte die ersetzen?
Aus Ijob 3; 4; 8; 11; 38–42

Wozu?

Komm und sieh: Die Welt ist voller Götter, groß und stark, allmächtig, allbestimmend!
Von Baal, dem Wettergott, sprechen die Babylonier, von Amun und von Isis die Ägypter.
Nimm noch die Fürsten, die sich Götter nennen, die Künstler, Sportler, Generäle …
Was helfen Götter, die nur mächtig sind?
Unser Gott ist anders, sprachen einst die Weisen Israels. Und willst du wissen,
wie – so höre von Elija …

»Wie erkenne ich Gott?«

Da ist ein Mann, Elija.
Sein ganzes Leben hat er Gott gehört
und nun, im Alter, ist er müde
und kann sich nicht mehr freuen.
Da hört er Gott ein letztes Mal.
Er hört, er soll hinauf auf Gottes Berg
und darauf warten, Gott zu sehen.
›Gott‹, denkt Elija, ›kann man sehen?
Und wie, das frag ich, soll das gehen?
Wird Gott wohl kommen wie ein Sturm
und alles klein hauen, was da steht?

Wird Gott wohl kommen wie ein Feuer
und alles fressen, was da lebt?
Wird Gott wohl kommen wie ein Beben,
das Unterste zuoberst kehren?‹
Elija wartet lange.
Dann fühlt er einen sanften Hauch,
der streichelt seine Haut.
Da fühlt er sich wie neugeboren,
ist wieder frisch und jung.
›Was für ein Hauch!‹, denkt er.
›Wenn das nicht Gottes Atem ist!‹

1 Könige 19, 9–13a

Geschichten von Gott dem Richter

Gott spricht: »Es ist dir gesagt, Mensch, was gut ist.«

Wohl dem, der nicht wandelt im Rat der Gottlosen
noch tritt auf den Weg der Sünder
noch sitzt, wo die Spötter sitzen,
sondern hat Lust am Gesetz des HERRN
und sinnt über seinem Gesetz Tag und Nacht!

Der ist wie ein Baum,
gepflanzt an den Wasserbächen,
der seine Frucht bringt zu seiner Zeit,
und seine Blätter verwelken nicht.
Und was er macht, das gerät wohl.

Aber so sind die Gottlosen nicht,
sondern wie Spreu, die der Wind verstreut.

Der HERR kennt den Weg der Gerechten,
aber der Gottlosen Weg vergeht.

Psalm 1

Von Recht und Gerechtigkeit

Komm mit in die Welt des Königreiches Israel.

Komm mit in die Straßen und Gassen. Sieh, wie sie leben: hier Reiche, Mächtige in prächtigen Palästen, dort Arme, Verlorene in armseligen Hütten. Viele Menschen haben ihre Augen vor der Armut verschlossen, ihre Herzen vor der Not. Ihre Herzen sind hart geworden. Das Band, das sie mit Gott und mit allem Leben verbindet – sie haben es zerrissen.

»Das ist nicht gerecht«, sagen Menschen, die Gott hören. »Das ist Sünde«, spricht GOTT DER RICHTER. *»Das soll in Israel nicht sein!«*

*Die, die Gott hören, sagen es weiter. Sie erinnern an Gottes Segen. Damit die Menschen umkehren und leben, wie es Gott gefällt. **Propheten** heißen solche Menschen, Mahner, und Warner, Verkünder des Guten.*

Die Geschichte vom armen Mann und seinem Lamm

Einmal kam Natan, der Prophet, zu David, seinem König. Das war, als König David eine neue Frau genommen hatte, die schöne Batseba. Er hatte sie Uria, ihrem Mann, gestohlen. Und Natan sprach zum König: »Ich erzähle eine Geschichte. Am Ende: Sprich ein Urteil!«

Es lebten einmal zwei Männer. Der eine war reich. Er hatte Felder und Vieh, er hatte ein schönes Haus und eine große Familie. Der andere Mann war arm. Er hatte nur ein einziges Schaf. Das liebte er, wie man ein Kind liebt.

Eines Tages geschah es, dass der reiche Mann Besuch bekam. Da sagte der reiche Mann zu seinen Mägden: »Kocht ein Festessen. Denn so ist es Brauch.« Die Mägde sagten: »Welches Tier sollen wir schlachten?« Der reiche Mann sah hinaus auf seine Weiden. ›Alles meins‹, dachte er. Er sah seine Tiere, so viele, dass die Weiden von ihnen voll waren. ›Alles meins‹, dachte er. ›Und so soll es bleiben.‹

Da sagte der reiche Mann zu den Mägden: »Kein Tier aus meinen Herden sollt ihr schlachten. Sie sind mein und ich will sie behalten. Sondern ich will meine Knechte schicken, dass sie anderswo einen guten Braten für uns finden.« Und er sandte seine Knechte mit Waffen und befahl: »Holt mir das Schaf des armen Mannes. Er kann sich ja nicht wehren.«

»Das ist ungerecht!«, rief König David laut. »**Sünde** vor Gott und den Menschen!« Natan blickte streng. »Sprich ein Urteil, König«, sagte er. David musste nicht lange überlegen. »Der reiche Mann soll sterben!« Da hob der Prophet seine Hand und zeigte auf den König. »Du bist der Mann!«, sprach er.

   Und König David wurde still. Und fasste sich ans Herz. Er dachte an Batseba, seine neue Frau, und wie er sie Uria, ihrem Mann, gestohlen hatte. »Ja«, sagte er. »So ist es!« Er aß nicht mehr und trank nicht mehr, sieben Tage und sieben Nächte. Dann bat er Gott um **Vergebung** und auch sein ganzes Volk.

2 Samuel 12, 1–7a.13

Das Weinberglied

Einmal stellte sich Jesaja, der **Prophet,** mit seiner Harfe mitten auf den Marktplatz von Jerusalem. Das war, als wieder eine Karawane aus Ägypten angekommen war, mit edlem Schmuck und teurem Tuch und Honig-Leckereien. Die Reichen kauften, was sie wollten. Die Armen schauten hungrig zu. »Ihr reichen Leute von Jerusalem«, rief der Prophet, »kommt, hört mein Lied. Am Ende: Gebt mir Antwort.«

> Mein Freund erwarb sich einen Weinberg.
> Er pflügte ihn und pflanzte gute neue Reben.
> Er wässerte und düngte und glättete den Boden.
>
> Er baute einen Zaun und einen Turm,
> in dem er über seine Pflanzen wachte.
> Er scheute keine Mühe. Dem Weinberg ging es gut.
>
> Dann kam die Zeit der Ernte.
> Und dankte ihm der Weinberg seine Mühe?
> Mit viel Ertrag und vielen süßen Trauben?
>
> Weit gefehlt! Die Trauben waren sauer!
> Sie waren zu nichts gut. Die Ernte war nichts wert.
> Wie war sie ihm verdorben!

Jesaja ließ sein Lied verklingen. Dann rief er in die Menge: »Ich frage euch, ihr reichen Leute von Jerusalem: Was wird mein Freund mit seinem Weinberg tun?«

Die Reichen blieben stumm. Die Armen aber riefen: »Weg damit, nur weg! Die Trauben sind nichts nütze! Sie sind wie unsre Herren: Von GOTT DEM HERRN in Israel gepflanzt – jedoch: Die Ernte ist verdorben!«

Jesaja 5, 1–7

Von Barmherzigkeit und Güte

Komm, nimm dir Flügel, fliege hoch hinaus, hoch über Israel.
Sieh: Israel ist nicht allein. Ringsum sind andere Länder. Da leben andere Menschen,
reich und arm. Auch dort sind viele Herzen hart geworden. Reich und mächtig die
wenigen, arm und ohnmächtig die vielen. Und niemand, scheint es, stört sich daran.
Du denkst, es wäre GOTT DEM KÖNIG ISRAELS, *egal?*
Das dachten damals viele. Die Weisen aber kannten GOTT DEN SCHÖPFER *besser –*
und so erzählten sie, wie einmal ein Prophet auf Reisen ging …

Jona an Land

Wenn du ein Vogel wärst und Jonas Reiseweg von oben sähest – das wäre keine
gerade Linie. Nein, kreuz und quer ist Jona unterwegs. Denn Jona ist Prophet, doch
einer, der nicht tut, was sonst Propheten tun: Er hört und will nicht hören; will
weder sehen noch gehen in Gottes Namen und ganz gewiss nicht reden.
Komm mit in Jonas Hütte, denn da fängt die Geschichte an. Komm, tritt an Jonas
Bett. Er schläft. Und träumt, was er nicht will …

Geträumt und aufgewacht

»Jona, höre!« Im Traum hört Jona Gottes Stimme. Er kennt sie schon von Kindheit an.
»Jona, hast du schon gehört? Von Ninive, im fernen Babylon? Unrecht und Eigensucht!
Gewalt und harte Herzen. Und keiner fragt nach Gott.«
   »Wie auch?«, sagt Jona. »Sie sind ja nicht dein Volk.«
   »Sie sind, wie alle Menschen, meine Kinder!«

»Ein wenig nur«, sagt Jona. »Nicht so wie wir in Israel!«

»Jona, ich sage dir …«

Doch Jona schließt die Ohren. Er jagt den Traum davon. Und wacht ganz einfach auf. ›Verreisen‹, denkt er, ›wäre gut. Am besten weg von hier – und ganz weit weg von Ninive.‹

Jona 1, 1–3

Jona im Fisch

Komm mit in den Bauch eines Fisches.

Sieh: Da hockt ein Mann, den hat der Fisch geschluckt. Lebendig hat er ihn geschluckt. Weil GOTT DER SCHÖPFER es befahl. Jenseits des Fisches tobt das wilde, tiefe, weite Meer. Hier drinnen ist es dunkel. Und Wasser schwappt herein. Er riecht nach Fisch und Tang. Der Mann ist nass bis auf die Haut …

Gefangen oder gerettet?

»Das habe ich nun davon«, sagt Jona, der Prophet. »Ich wollte weg. Nun bin ich hier. Und muss noch sagen: Gott sei Dank!«

»Jona, höre!«

Da ist sie wieder: Gottes Stimme. Bis hierher ist sie ihm gefolgt. »Kehre um! Besinne dich, was recht, was unrecht ist!«

Jona runzelt die Stirn. Als ob er nicht wüsste, was recht ist: Nicht töten, nicht stehlen, treu sein! Nicht lügen, nicht schlagen und sich vertragen! Abgeben können und teilen.

»Es reicht nicht, das zu wissen.«

Die Stimme mischt sich wieder ein. Als ob er das nicht wüsste. Er weiß ja, leider Gottes: In jenem fernen Ninive, da herrschen Unrecht und Gewalt. Er weiß, man muss den Leuten sagen: »Nicht weiter! Gott ist Richter!«

›Ich doch nicht!‹, hat er gedacht. Und hat sich weggestohlen. Mit einem Schiff, nur fort, nur fort! Dann ist ein Sturm gekommen. Und er ist über Bord – ins Meer – in diesen Fisch … Da sitzt er nun. Weiß Gott.

»Einer muss es ihnen sagen!«

»Ich weiß, ich weiß!«, ruft er. »Mein Gott, lass mich hier raus! Ich mach's ja schon – ich geh nach Ninive!«

Jona 1, 4.15 und Jona 2

Jona in Ninive

Komm mit, begleite Jona nach Ninive, in diese fremde, große Stadt.
Sieh diese Pracht, den Prunk: Paläste, Brunnen, Gärten, Bäder. Sieh auf dem Markt
die vielen Früchte. Kostbare Stoffe auch und Edelsteine, groß wie Taubeneier.
Und sieh die Kleine, da am Boden! Was gäbe sie für ein Stück Brot! Hat keiner hier
ein weiches Herz? Hört keiner ihre Klage?
Komm und hör, was Jona dazu sagt. Und wessen Herz sich schließlich doch erbarmt …

Ein böses oder gutes Ende?

»Wisst ihr, was recht ist?«, ruft Jona später den Leuten in Ninive zu. Der Fisch hat ihn an
Land gespuckt und er ist weit gelaufen.

   »Ja«, sagen die Leute von Ninive: »Nicht töten, nicht stehlen, treu sein! Nicht lügen,
nicht schlagen und sich vertragen! Abgeben können und teilen.«

»Es reicht nicht, das zu wissen!«, ruft Jona. »So viel Unrecht habt ihr schon getan! *Sünde* vor Gott und den Menschen. GOTT DER RICHTER lässt euch so nicht länger leben!«

Da erschrecken die Leute von Ninive bis ins Herz. Sie haben lange nicht nach Gott gefragt. Und dass GOTT IHR RICHTER ist, hat keiner ihnen je gesagt. Auf einmal kehren sie um. Sie ändern ihr Leben. Nicht lange: Unrecht wandelt sich in Recht! Und Freude herrscht in Ninive.

Nur Jona freut sich nicht. »Das habe ich nun davon!«, *murrt* er. »Ich wollte nicht nach Ninive. Nun bin ich hier – und GOTT DER RICHTER zeigt sich nicht!«

»Das muss ich auch nicht mehr«, entgegnet ihm die Stimme. »Du, Jona, hast die Stadt gerettet. Freu dich mit mir: Sie waren tot. Und siehe nun: Sie leben!«

Jona 3 und 4

Vom Frieden

Komm und sieh ein wunderbares Bild – das Traumbild des Propheten Jesaja:
So wird die Welt, wenn Güte und Barmherzigkeit regieren. Wenn Herzen weich und
warm sind und nicht hart. Wenn Gott ganz nahe ist und alles auf ihn hört, was lebt ...

Das Lied vom ewigen Frieden

Einmal hatte Jesaja, der Prophet, die Sorgen satt, die er sich um Recht und Krieg und
Frieden immer machte. Er schlug auf seiner Harfe helle, warme Töne an und schloss
beim Singen seine Augen. Sein Lied klang anders als gewohnt. Er sang von großer
Hoffnung:

Einmal wird es anders sein.
Einmal wird ein neuer König kommen.
Gerechtigkeit wird er säen und Frieden ernten.
Gott-bei-den-Menschen wird er sein,
uns und dem Himmel nahe.
Und Frieden werden sie halten:
die Völker auf Erden,
die Menschen in den Städten,
die Armen und die Reichen.

Und Frieden werden sie halten,
sogar die Tiere:
Bären fressen Stroh wie Rinder.
Löwe und Lamm weiden miteinander.
Das kleine Menschenkind
spielt mit der Schlange, einer Natter.

Alle, die Jesaja hörten, schlossen ihre Augen. Und träumten, träumten: Einmal wird es
anders sein. »Das ist wie im Himmel«, sagten sie. »Das ist, was Gott für uns will«, sagte
Jesaja.

Jesaja 11, 1–9

Der zweite Teil, das zweite oder »Neue Testament«

Über 2000 Jahre ist es her, da begegneten Menschen in Israel einem ganz besonderen Menschen, gütig und barmherzig. Viele erlebten: In ihm ist Gott bei uns. Er heilt das zerbrochene Segensband und hebt die Sünde auf. Bei ihm ist Gottes Reich. Dieser Mensch war Jesus von Nazaret.

50 bis 100 Jahre später sammelten Christen Geschichten von Jesus, den sie CHRISTUS nannten, GOTTES GESALBTEN. Und vier von ihnen, Markus, Matthäus, Lukas und Johannes, erzählten sein Leben, jeder so, wie er es glaubte und verstand. Sie nannten diese Lebensläufe Gute Nachricht, *Evangelium*.

Du findest die vier Evangelien zusammen mit 21 Briefen und der Offenbarung, dem Buch eines neuen Propheten, im zweiten Teil der Bibel, gewidmet GOTT DEM ALTEN UND DEM NEUEN.

Komm und lies im zweiten Teil der Bibel, dem Buch des gekreuzigten und auferstandenen Jesus Christus.

Lies, wie Jesus angefangen hat, von Gott zu reden und nach Gottes Art zu handeln.

Lies, wie er alles gut und heil machte.

Lies, wie er verdächtigt wurde, wie sie ihn verklagten und töteten. Er hatte Macht von Gott, aber sie sahen es erst, als er den Tod überwunden hatte. Da sagten sie: Er ist wirklich und wahrhaftig ganz von Gott.

Geschichten von Jesus dem Gott-bei-den-Menschen

Jesus spricht: »Kommt her zu mir, alle,
die ihr mühselig und beladen seid. Ich will euch erquicken.«

So spricht Gott der HERR, der die Himmel schafft und ausbreitet,
der die Erde macht und ihr Gewächs, der dem Volk auf ihr den Odem gibt
und den Geist denen, die auf ihr gehen:

Siehe, das ist mein Knecht – ich halte ihn –
und mein Auserwählter, an dem meine Seele Wohlgefallen hat.
Ich habe ihm meinen Geist gegeben; er wird das Recht unter alle Menschen bringen.

Er wird nicht schreien noch rufen,
und seine Stimme wird man nicht hören auf den Gassen.
Das geknickte Rohr wird er nicht zerbrechen,
und den glimmenden Docht wird er nicht auslöschen.
In Treue trägt er das Recht hinaus.

Er selbst wird nicht verlöschen und nicht zerbrechen,
bis er auf Erden das Recht aufrichte;
und die Inseln warten auf seine Weisung.

Singet dem HERRN ein neues Lied,
seinen Ruhm an den Enden der Erde, die ihr auf dem Meer fahrt,
und was im Meer ist, ihr Inseln und die darauf wohnen!
Ruft laut, ihr Wüsten und die Städte darin samt den Dörfern.

Jesaja 42, 1–12

154

Johannes verkündigt die Ankunft des Herrn

Komm mit in eine neue Zeit, Hunderte von Jahren nach Jesaja.
Israels Kinder sind nicht mehr Herr im eigenen Land. Die Herrscher sind die Römer.
Überall in den Städten, auf den Straßen siehst du römische Soldaten. Römische
Zollstationen siehst du und römische Steuereintreiber! Israels Kinder zahlen. Und
die Wut wächst.
Sie klagen es ihrem Gott dem HERRN DES SEGENS, *dem Gott Abrahams, Jakobs und*
Davids. »Herr, lässt du uns allein? Siehst du nicht, hörst du nicht? Ach, Rom ist
schlimmer als Ägypten!«
»Und ihr?«, fragt hin und wieder ein Prophet: »Seid ihr denn wirklich besser?«

Johannes bricht auf

»Vater, ich gehe fort.« Johannes steht vor seinem Vater. Sein Bündel hat er schon gepackt: eine Decke, ein Brot, kein Geld. »Wohin willst du gehen?«, fragt der Vater. »Warum musst du gehen?« Johannes sagt nur: »Mach dir keine Sorgen.«

»Er macht sich zu viele Sorgen«, sagt der Vater zu Elisabeth, seiner Frau. Er sieht
dem Sohn nach, wie er langsam in der Ferne verschwindet. »Er fragt sich, warum der
GROSSE BEFREIER uns nicht vor den Römern rettet. Er fragt sich: Liegt es an uns? Ist
GOTT DER RICHTER sein Volk leid?«

Elisabeth sieht ihren Zacharias an. »Und was glaubst du?«, fragt sie. Zacharias ist **Pries-**
ter am **Tempel**. ›Wenn einer Gott kennt‹, denkt Elisabeth, ›dann Zacharias, mein Mann.‹

Zacharias schweigt. »Gott spricht nicht mehr zu mir«, sagt er. »Und manchmal denke
ich wie Johannes: Gott ist uns alle leid.«

»Warum nur?«, fragt Elisabeth.

Lukas 1, 5–7.24–25

Johannes denkt nach

Johannes lässt die Stadt hinter sich, er geht an Dörfern vorbei, ohne anzuhalten. Am Ende verlässt er die Straße. Er wandert am Fluss entlang, am Jordan. Und dann verlässt er auch den Fluss und geht geradewegs ins Nichts. Da ist nichts und da lebt nichts – nur Heuschrecken und Bienen. Johannes setzt sich neben eine kleine Wasserstelle. Er schließt die Augen. Er denkt nach. Über Gott und die Welt. Und über das Volk Israel. Vierzig Tage und vierzig Nächte ohne einen Menschen. Vierzig Tage ohne Speise. Das Brot ist längst gegessen. Nur Heuschrecken gibt es und wilden Honig. Die Heuschrecken muss man fangen und über dem Feuer rösten. Den Honig muss man den Bienen stehlen. Und aufpassen, dass sie nicht stechen. Dann erst, nach vierzig Tagen und vierzig Nächten, macht Johannes sich wieder auf den Weg: hinaus aus der Wüste, zum Jordan, dem großen Fluss.

Markus 1, 6

Johannes bricht sein Schweigen

Am Jordan sind Menschen. Die sehen ihn groß an. Sein Haar ist lang, sein Kleid ist staubig. ›Wild‹, denken sie, ›wie ist er wild!‹

»Hört zu!«, ruft Johannes den Menschen zu. »Hört zu, ich habe eine wichtige Botschaft: Wir sind selbst schuld, dass Gott uns nicht hilft. Es liegt an der *Sünde*. Wir haben das Band zerrissen, das uns mit Gott und allem Leben verbindet.« Er keucht vor Aufregung. »Aber nun! Gott kommt! Gott kommt und will nach uns sehen. Daher rasch: *Kehrt um*, macht euch bereit!«

»Wie: Gott kommt?« – »Wie: umkehren?« – »Was soll das heißen, Johannes?« Die Leute fragen. Sie kapieren nichts. Aber sie fürchten sich vor dem wilden Mann. Vor seiner lauten Stimme und seinen brennenden Augen.

Und dann hat Johannes einen Stein in der Hand. Er ist so groß wie seine Faust. »So hart wie dieser Stein«, ruft er, »sind eure Herzen! Gott aber hat Gefallen an weichen Herzen.«

Er schüttelt sein Kleid. »So staubig wie mein Kleid«, ruft er, »so staubig sind eure Seelen. Gott aber hat Gefallen an reinen Seelen.«

Er zeigt seine Bienenstiche. »Wie Bienen den Honig«, ruft er, »so sammelt ihr Unrecht. Gott aber hat Gefallen an Gerechtigkeit!«

Einige Leute laufen davon. Allzu wild, allzu wütend ist Johannes. Andere aber erschrecken bis ins Herz. So lange haben sie nicht mehr nach Gott gefragt. Dass Gott ihr RICHTER ist, das haben sie vergessen. »Johannes, was sollen wir tun?«

Johannes dreht sich um und zeigt auf das Wasser des Jordans. »Wer dreckig ist auf der Haut, soll sich waschen«, sagt er. »Wer dreckig ist auf der Seele, der lasse sich *taufen*.«

Aus Markus 1, 1–8

Wie Jesus seinen Weg beginnt

Komm mit in eine Stadt in Galiläa, im Norden Israels, komm mit nach Nazaret.
In Nazaret lebt die Familie von Josef, dem Möbelbauer. Josef und Maria haben fünf
Söhne: Jesus, Jakobus, Joses, Judas und Simon. Sie haben auch Töchter.
Jesus, der Älteste, soll einmal in Josefs Fußstapfen treten: Er arbeitet schon in der
Werkstatt. Aber seine Gedanken, die sind ganz woanders …

Jesus bricht auf

»Vater, ich gehe fort.« Jesus steht vor seinem Vater. Sein Bündel hat er schon gepackt: eine Decke, ein Brot, kein Geld. »Wohin willst du gehen?«, fragt der Vater. »Warum musst du gehen?« Jesus sagt nur: »Ich gehöre meinem VATER IM HIMMEL.«

»Bin ich nicht mehr sein Vater?«, fragt Josef, der Vater, Maria, seine Frau. Er sieht dem Sohn nach, wie er langsam in der Ferne verschwindet. »Er nennt den Gott Abrahams, den Gott Moses und Davids, den SCHÖPFER, den HERRN DES SEGENS seinen Vater.«

Maria sieht ihren Josef lange an. »Du weißt doch, Josef«, sagt sie: »Von Anfang an ist es so gewesen: Jesus hat nie nur uns gehört. Mehr als uns gehörte er stets Gott.«

»Gott ist KÖNIG«, sagt Josef. »Aber doch nicht VATER!« Maria schweigt. »Oder?«, fragt Josef nach. Ein Schatten zieht über Marias Gesicht. »Ich glaube«, sagt sie leise: »Wir werden uns noch wundern.«

Lukas 3, 49–50

Jesus kommt zu Johannes dem Täufer

Jesus lässt die Stadt hinter sich. Er zieht von Dorf zu Dorf. Er folgt dem Fluss Jordan fast bis zur Quelle. Da, an einer Biegung, ist es mit der Einsamkeit vorbei. Da drängen sich am Ufer Menschen. Im Wasser steht einer und ruft: »Besinnt euch, macht euch bereit! GOTT DER RICHTER kommt!« Und: »Wer dreckig ist auf der Haut, soll sich waschen. Wer dreckig ist auf der Seele, der lasse sich *taufen*.«

Jesus tritt langsam näher. Er geht auf die Stimme zu. Die Menge macht Platz. Dann steht er vor Johannes, dem Täufer. »Eine Taufe«, sagt er, »kann ich brauchen.« Johannes sieht ihn an. Auf einmal hebt er beide Hände. »Du nicht«, sagt er. »Oh nein, du nicht!«

Die Menge rückt näher. Die Menschen betrachten die beiden im Fluss: den wilden Mann und den Fremden. Sie sehen, was Johannes meint: Da ist kein Dreck an Jesus, weder auf der Haut noch auf der Seele.

Aber Jesus will's nicht anders. »Komm schon, Johannes«, sagt er. »Tu's!« Da nimmt ihn Johannes bei den Schultern und taucht ihn dreimal unter Wasser. »Sei rein«, sagt er. »Sei neu. Sei so, wie es Gott dem Herrn gefällt.« »*Amen*«, sagt Jesus. Das heißt: »So sei es.«

✌

»Hast du gewusst, Johannes«, sagt Jesus später: »Gott ist gütig. Alle Menschen gefallen dem VATER IM HIMMEL. Er hat sie ja gemacht.« Es ist Abend und die Menschen sind nach Hause gegangen. Johannes ist allein zurückgeblieben – mit Jesus.

»Ihre Herzen sind wie Stein«, sagt Johannes. »Ihre Seelen sind voll Staub. Sie sammeln Unrecht um Unrecht.« Jesus nickt. »Das macht die *Sünde*«, sagt er. »Sie haben sich von Gott entfernt. Gott aber sieht es ihnen nach.« Über ihnen der Himmel ist schwarz und stumm. Nur hier und dort blinkt ein Stern.

»Weißt du, Johannes«, sagt Jesus. »Ich glaube, du hast recht: Gott kommt.« Johannes nickt. »Ich war in der Wüste und habe nachgedacht. Da ist es mir eingefallen.« Jesus denkt nach. »In der Wüste …«, sagt er schließlich. »Ja, das ist ein Weg.«

Am anderen Morgen verabschiedet sich Jesus von Johannes. »Ich gehe auch in die Wüste«, sagt er. »Ich glaube, du hast recht: In der Wüste kann man gut nachdenken.« Jesus nimmt sein Bündel. »Worüber willst du nachdenken, Jesus?«, fragt Johannes. »Als du mich tauftest, Johannes«, erzählt Jesus, »da ist etwas geschehen.«

»Was ist geschehen?«, fragt Johannes.

»Ich glaube, Gott hat mich berührt«, sagt Jesus. »Es war ein Hauch, ganz sanft.« Johannes sagt nichts. »Ich habe auch etwas gesehen«, fährt Jesus fort. »Eine weiße Taube schwebte vom Himmel zu mir.« Johannes sagt immer noch nichts. »Ich habe auch etwas gehört«, sagt Jesus. »Vom Himmel kam eine Stimme. Die sprach: Du bist mein lieber Sohn. Du gefällst mir.«

Auf einmal kniet Johannes vor Jesus nieder. »Ich wusste es!«, sagt er. »Gott kommt. Und ich glaube, Jesus: durch dich!«

Markus 1, 9–11 (mit Matthäus 3, 13–15)

Jesus geht in die Wüste

Jesus lässt den Fluss hinter sich. Er sucht die Wüste. Da ist nichts, nicht einmal Wasser. Jesus setzt sich auf einen Stein. Er schließt die Augen. Er denkt nach. Über Gott und die Welt. Über das Volk Israel und über sich selbst.

Vierzig Tage und vierzig Nächte ohne einen Menschen. Vierzig Tage ohne Speise. Davon wird man krank. Davon kommen Träume, wilde, wirre Träume. Und es kann geschehen: Wer vierzig Tage nicht zurückkommt, der kommt nie mehr wieder.

Johannes ist sehr froh, als er Jesus endlich wiederkommen sieht. Und er sieht es gleich: Jesus ist unverändert. Kein bisschen wild ist er geworden.

»Weißt du, was das ist: **Versuchung?**«, fragt Jesus Johannes. Es ist wieder Abend. Sie sitzen allein. Johannes überlegt. »Du wirst es mir sagen, Jesus.« Und Jesus sagt:

»Die **Macht** ist eine Versuchung.« Und Jesus sagt:

Da saß ich in der Wüste. Die Sonne brannte. Und der Hunger wuchs. Aber da war nichts, nichts, was ich essen konnte. Nicht einmal Honig und Heuschrecken. Und plötzlich war sie da, die Versuchung: »Bist du nicht Gottes Sohn?«, *flüsterte sie.* »Du kannst machen, dass der Stein, auf dem du sitzt, Brot wird.«

Da saß ich in der Wüste. Meine Gedanken flogen. Ich dachte, ich muss den Menschen von ih-

164

rem Vater im Himmel erzählen. ›Aber wie‹, dachte ich, ›wie mache ich, dass sie mir glauben?‹ Und da war sie wieder, die Versuchung. »Bist du nicht Gottes Sohn?«, flüsterte sie. »Du kannst machen, dass alle an dich glauben.« Und dann: »Stell dich oben auf die Zinne des Tempels. Spring hinunter! Wenn du es überlebst, werden alle sagen: Gottes Engel tragen ihn.«

Da saß ich in der Wüste. Ich zitterte. Die Einsamkeit wuchs. ›Und wenn ich mich irre?‹, dachte ich. ›Wenn ich gar nicht Gott gehöre?‹ Und da war sie zum dritten Mal, die Versuchung. »Bist du nicht dein eigener Herr?«, flüsterte sie. »Vergiss Gott. Mach, was du willst. Mach dich groß, mach dich stark! Die Menschen werden dich lieben und fürchten.«

»Und?«, fragt Johannes. »Was hast du gemacht?« Jesus hebt die Hände. »Nichts«, sagt er. »Nichts?«, sagt Johannes. »Nein, nichts«, sagt Jesus.

»Konntest du es nicht?«, fragt Johannes. Jesus breitet die Hände aus. »Ich habe diese Macht, Johannes«, sagt er. »Aber wozu?« Johannes überlegt. »Du wirst es mir sagen.«

»Nicht für mich«, sagt Jesus. »Sondern zum *Segen* für alle Menschen auf Erden.«

Markus 1, 12–13 (mit Matthäus 4, 1–11)

Jesus geht zu den Fischern

Jesus lässt Johannes und den Jordan hinter sich. Er geht zum See. »Gott kommt«, sagt er auf dem Weg. Er übt, was er zu sagen hat. »Gott geht euch nach. Gott ist gütig. Ihr seid Gottes Kinder. Ihr gefallt ihm.«

Jesus sorgt sich. Auch die kleinen, auch die armen, auch die einfachen Leute sollen ihn verstehen. »Gott ist wie ein guter Hirte«, fällt ihm ein. Und: »Bei Gott ist es wie *Himmel:* Wolf und Lamm ruhen beieinander.«

Da ist schon der See. Und da sind Boote und Fischer. »Fischer sind einfache Leute«, denkt Jesus. »Mit ihnen fange ich an.« Er sieht zwei Männern bei der Arbeit zu. Sie flicken ihre Netze. »Was schaust du so?«, fragt einer ihn.

»Was muss man tun, um Fische zu gewinnen?«, fragt Jesus. Der Fischer wundert sich über die Frage. »Man wirft das Netz aus und hofft, dass sie kommen.« Jesus überlegt. »Wozu?« Der Fischer hebt die Schultern. »Damit sie sterben.«

165

»Was muss man tun, um Menschen zu gewinnen?«, fragt Jesus. Er ist nicht wegge-gangen. Der Fischer wundert sich noch mehr. »Damit sie sterben wie die Fische?«, fragt er. »Damit sie leben«, sagt Jesus. Der Fischer reibt sich die Augen. »Ruf sie!«, sagt er. »*Segne* sie.«

»Ich glaube, du hast recht«, sagt Jesus. Er ist immer noch nicht wegge-gangen. »Lass mich in dein Boot. Fahr mich ein Stück hinaus. Von da aus will ich reden.« Der Fischer lässt die Hände sinken. Er beißt sich auf die Lippen. ›Warum sollte ich dir helfen?‹, sagt er nicht. Er sagt ganz einfach: »Ja«.

∿

»Habt Hoffnung! Ihr seid gesegnet. Habt Freude. Ihr seid Gottes Kinder. Habt Vertrauen. Gott ist gütig!« Jesus redet in ganz kurzen Sätzen. Sie klingen wie ein Lied. So hell und warm und schön. Die Menschen bleiben stehen. Sie hören zu und wundern sich. Sie hören »Hirte«, »Himmelreich« und stellen sich das vor. Da geht es ihnen gleich besser.

Markus 1, 15–16 (mit Lukas 5, 1–3)

Jesus findet Helfer

»Herr«, sagt der Fischer. Da sind sie wieder an Land. »Das war besser als Fische fangen.« Jesus hält ihm die Hand hin. »Dann komm mit mir, Petrus! Hilf mir und lerne – sei mein *Jünger*.« Der Fischer beißt sich auf die Lippen. ›Warum sollte ich von zu Hause fortgehen?‹, sagt er nicht. Er sagt ganz einfach: »Ja.«

Später fragt Jesus noch den Bruder des Fischers, Andreas. Und zwei Freunde, die auch Fischer sind: Johannes und Jakobus. Keiner von ihnen sagt: ›Warum sollte ich mitgehen?‹ Sie alle sagen einfach: »Ja.«

»Herr«, sagt der Fischer. Da sind sie schon auf dem Weg. »Wie hast du mich genannt?« »Du heißt Petrus«, sagt Jesus ohne Zögern. »Ich heiße Simon«, sagt der Fischer. »Von heute an heißt du Petrus«, sagt Jesus. »Das bedeutet Fels – und wie ein Fels wirst du sein: für mich und für alle Menschen auf Erden.«

Markus 1, 16–20

Wie Jesus Menschen begegnet

Komm mit auf Jesu Spuren. Der Evangelist Markus wird dich führen.

Komm mit in die Synagoge von Kafarnaum am See. Tritt langsam ein in den kerzen-erleuchteten Raum. Stell dich, wenn du ein Junge bist, zu den Männern. Wenn du ein Mädchen bist, geh auf den Balkon zu den Frauen.

Sieh: vorn, den Altar. Und seitlich an der Wand den Schrank mit den goldenen Türen. Das ist der Schrein der Tora. Die Türen sind offen.

Die Tora – das sind kostbare Rollen mit Schrift. Darauf steht alles geschrieben, was Israel mit Gott erlebt hat und von Gott weiß: die Geschichten, die Gesetze, die Lieder. Am siebten Tag der Woche, am Sabbat, wird daraus vorgelesen.

Jeder Mann, der die Tora kennt – das, was auf den Rollen geschrieben steht –, kann nach vorn gehen, vorlesen und dazu sprechen. Höre auf Jesus: Er tut es …

Vom Mann, der Jesu Botschaft nicht ertragen konnte

»Fürchte dich nicht«, liest Jesus aus dem Buch des Propheten Jesaja vor. »Hab keine Angst.«

> Fürchte dich nicht, du Würmlein Jakob,
> du armer Haufe Israel.
> Ich helfe dir, spricht GOTT DER ERLÖSER.

> Fürchte dich nicht; denn ich habe dich erlöst.
> Ich habe dich bei deinem Namen gerufen;
> du bist mein.

Und siehe: GOTT-BEI-DEN-MENSCHEN:
Das geknickte Rohr wird er nicht zerbrechen
und den glimmenden Docht wird er nicht auslöschen.
Er macht alles gut.

Blinde sehen, Lahme gehen, Tote stehen auf
und Armen wird Hoffnung gegeben.
Das tut mein *Gesalbter*,
GOTT-BEI-DEN-MENSCHEN.

Petrus, der Fischer, der neue *Jünger*, steht am Rand. Er hört, was Jesus liest. Er hört auch, was die Männer sagen. »Wie er das liest!«, sagt der eine. »Als wären es seine eigenen Worte!« Und der andere nickt. »Diese Worte habe ich schon hundertmal gehört. Aber heute sind sie wie neu.«

Jesus legt die Schriftrolle weg. »*Amen*«, sagt er. »So ist es. Das ist wahr!« Die Menschen in der Synagoge sehen ihn an. Sie murmeln nicht mehr. Sie warten. Aber mehr sagt Jesus nicht. Er sieht die Menschen an. Er wartet auch.

Petrus, der Fischer, tritt von einem Fuß auf den anderen. »Wie geht es weiter?«, flüstert Andreas, sein Bruder, ihm ins Ohr.

Auf einmal zerreißt ein Schrei die Stille in der *Synagoge*. »Weg, weg!«, schreit ein Mann, ganz hinten bei der Tür. »Geh weg von uns, GOTT-BEI-DEN-MENSCHEN! Du bist uns allzu *heilig*!«

»Was hat er?«, fragt Andreas, Petrus' Bruder. »Einen bösen Geist«, sagt Johannes, der dritte Jünger. »Der quält ihn.«

Jesus kommt. Er geht zu dem schreienden Mann. »Fürchte dich nicht«, sagt er. Er legt ihm die Hände ums Gesicht. »Ich will dich *erlösen*.« Der Mann zittert. »Weg, weg!« Seine Schreie werden leiser. Und dann, auf einmal: Frieden! Frieden auf seinem Gesicht. Frieden in der Synagoge.

»Jetzt ist es gut«, sagt Jesus. »Gott ist *gütig* und *barmherzig*«, sagt der Mann. Und »Amen« ruft die Gemeinde.

Petrus, der Fischer, sieht die anderen Jünger an. Sie sehen ängstlich aus. »Kapierst du das?«, fragt Andreas, sein Bruder. Petrus überlegt. »Fürchtet euch nicht«, sagt er leise.

Markus 1, 21–27

Von der alten Frau mit dem Fieber

»Mein Haus ist dein Haus«, sagt Petrus zu Jesus. »Tritt ein.« Er zeigt ihm, wo er wohnt. Im Garten spielen Kinder. Drinnen wartet Petrus' Frau, zusammen mit den Frauen von Andreas und Jakobus. Die Frauen bringen Wasser zum Waschen, Wein und Brot. »Willkommen«, sagen sie.

Nur eine Frau sagt nichts. Sie liegt auf dem Bett und steht nicht auf. »Meine Schwiegermutter«, sagt Petrus. »Sie will nicht mehr.« Petrus' Frau sieht traurig aus. »Ein Fieber, Herr«, sagt sie. »Es verzehrt sie.«

Jesus lässt den Wein und das Brot liegen. Er setzt sich auf das Bett. Die Frau im Bett ist alt. Sie hat die Augen geschlossen. »Du willst nicht mehr?«, fragt Jesus. Er nimmt ihre Hand. Die andere Hand legt er auf ihre Stirn.

Die Alte schlägt die Augen auf. ›Ich bin so müde‹, will sie sagen. Jesus wartet. »Ich bin gar nicht mehr müde!«, ruft sie aus. Sie setzt sich auf, ohne Hilfe. »Herr«, sagt sie, »möchtest du Wein?«

Petrus hat seinen Becher fallen lassen. Seine Frau schlägt die Hand vor den Mund. Draußen, die Kinder, fangen an zu rufen: »Die Oma, die Oma!« Ihre Stimmen sind hell und froh. »Jesus hat die Oma gesund gemacht!«

»Mein Haus ist nicht mehr mein Haus!«, sagt Petrus am Abend. »Mein Garten ist nicht mehr mein Garten.« So viele Menschen sind gekommen, Kranke, Lahme, Blinde und Taube. Aus der ganzen Stadt und vom See sind sie zusammengelaufen. Sie haben den Ruf der Kinder gehört. »Jesus hat die Oma gesund gemacht.« Wenn Jesus aber die Oma gesund machen kann – warum nicht auch mich und dich und alle …?

»So geht das mit dem Menschen-Gewinnen«, sagt Andreas zu Jesus, als es Nacht wird. Jesus ist müde. »Ich habe noch gar nicht von Gott gesprochen«, sagt er. »Du hast sie *gesegnet*«, sagt Petrus. »Ist das nicht das Gleiche?«

Jesus überlegt. »Ich muss mit meinem Vater sprechen«, sagt er. Und verschwindet in der Dunkelheit. »Wo geht er hin?«, fragt Johannes. »Zurück nach Nazaret?« Er denkt an Josef, den Möbelbauer. »Ich glaube nicht«, sagt Petrus. Er denkt an einen anderen Vater.

Markus 1, 29–39

Vom Mann, der draußen bleiben musste

»Halt dich fern, Jesus! Gib acht!« Die Jünger warnen Jesus. Sie haben die Stadt verlassen und wandern von Dorf zu Dorf. Und da, zwischen zwei Dörfern, sitzt ein Mann. Er ist einsam und allein. Jesus ist stehen geblieben. »Warum geht er nicht nach Hause?«, fragt Jesus. »Er darf nicht«, sagt Petrus.

Die Jünger sehen, was Jesus nicht sieht: Die Haut des Mannes ist wie mit Schnee bedeckt. »*Aussatz*«, sagt Andreas. »Ansteckend.«

Der Aussätzige streckt die Arme aus. »Herr, hilf!« Jesus hört nicht auf seine Jünger. Jesus hört den einsamen Mann. »Ich helfe dir«, sagt er. »Gib mir deine Hand.« Die Jünger zucken zusammen. »Fürchte dich nicht«, sagt Jesus.

Der Aussätzige schließt die Augen. Er streckt beide Hände aus. Jesus nimmt sie. Er streicht über die kranke Haut. Er legt eine Hand auf die Stirn des Mannes. »Geh nach Hause«, sagt er dann. »Jetzt ist es gut.«

Die Jünger murmeln. Der Geheilte öffnet die Augen. Er sieht seine Haut an – und sieht: Sie ist *heil*. Die Jünger sehen es auch. »Jesus!«, ruft Andreas. »Wie hast du das gemacht?« Jesus zeigt seine offenen Hände. »Ich habe diese *Macht*«, sagt er. »Aber hört: Sagt es nicht weiter!«

Markus 1, 40–45

Von den Kindern

»Bleibt weg!«, sagt Petrus zu dem Mädchen. »Jesus ruht sich aus. Er denkt nach. Er darf nicht gestört werden.« Das Mädchen ist eine große Schwester. Den kleinen Bruder hat es an der Hand. Das Baby trägt es im Tragetuch. »Die Leute haben gesagt, er ist GOTT-BEI-DEN-MENSCHEN«, sagt sie. »Sie haben gesagt: Er gibt *Segen*.«

»Aber nicht jetzt!«, sagt Petrus. »Und nicht für Kinder!«, sagt Andreas. Die Jünger passen gut auf. Jesus braucht Ruhe. Da könnte ja jeder kommen!

Auf einmal steht Jesus bei ihnen. Er schiebt seine Jünger zur Seite. »Kinder!«, ruft er. »Was für ein Segen!« Die große Schwester sieht ihn an. »Manchmal«, sagt sie. »Aber eine Last sind sie auch. Das sagt Mama.« Jesus hockt sich hin und schaut dem Baby und dem Jungen ins Gesicht.

173

»Das gehört dazu«, sagt er. »Zum Segen?«, fragt die Schwester. Jesus nickt. »Kannst du sie segnen?«, fragt sie. Jesus nickt. Er hebt die Hände. Er legt sie erst dem Baby und dann dem kleinen Jungen auf die Stirn. »GOTT DER VATER schenke euch Kraft für die Lasten des Lebens.«

Das Baby strampelt. Der Junge lacht. »Kommt«, sagt die große Schwester. »Der Herr braucht Ruhe.«

»Warte!«, sagt Jesus. Er sieht das Mädchen lange an. »Du bist doch auch ein Kind«, sagt er. Er spricht noch einen *Segen*. »Jetzt ist es gut«, sagt er.

»Kinder«, sagt Jesus zu Petrus. Sie sehen den dreien nach. Das Mädchen hüpft beim Weggehen. »Wären wir doch alle wie die Kinder!«

Markus 10, 13–15

Von einem Kind und einer kranken Frau

»Komm, Herr, komm in mein Haus!« Der Mann im Mantel eines *Synagogenvorstehers* kniet im Staub. Jesus und seine Jünger sind aus dem Boot gestiegen. Die Menge wartet schon auf sie. In ihrer Mitte der Synagogenvorsteher.

»Was willst du?«, fragt Jesus. Der Mann hebt die Hände. »Jaira, mein Töchterchen, mein Augenstern: Sie liegt im Bett und steht nicht mehr auf. Herr, machst du sie gesund?« Jesus reicht ihm die Hand. »Steh auf«, sagt er, »und zeig mir, wo es ist.«

Sie gehen durch die Menge: voran der Synagogenvorsteher, hinter ihm Jesus, Petrus, Jakobus und Johannes. Der Synagogenvorsteher geht hastig. Er schiebt die Menge zur Seite. »Platz, Platz!«, ruft er. »Jaira: ich komme!«

Jesus bleibt ruhig. Er schiebt nicht und er ruft nicht. Und dann, dann bleibt er stehen. »Mich hat doch jemand berührt?« Er sieht sich suchend um. »Herr!«, schreit der Synagogenvorsteher. »Herr, meine Tochter!«

Jakobus schüttelt den Kopf. »Natürlich berührt ihn jemand«, sagt er zu Petrus. »Es ist ja alles voll von Menschen!« Petrus sieht, was Jesus sieht: eine Frau in einem groben Kittel. Sie fällt vor Jesus auf die Knie. »Ich, Herr«, sagt sie. »Tut mir leid.«

Jesus reicht ihr die Hand. »Steh auf«, sagt er. »Tut es dir wirklich leid?« Die Frau schüttelt den Kopf. »Nein, Herr, ich bin sehr froh.« Sie lässt ihre Hand in seiner. »So viele Jahre bin ich krank«, sagt sie. »Und ich dachte: Wenn ich dich berühre, dann werde ich gesund.«

»Und?«, fragt Jesus. Sie strahlt. »Es ist wahr!«, sagt sie. »Ich spüre es! Von heute an wird alles anders.« Jesus legt ihr die Hand auf die Stirn. »Jetzt ist es gut«, sagt er.

Jairus tritt von einem Fuß auf den anderen. »Wie geht es weiter?«, fragt er. »Herr, meine Tochter!« Jesus wendet sich ihm zu. »Fürchte dich nicht«, sagt er und endlich geht er weiter. Da kommen zwei Jungen angerannt. »Herr!«, rufen sie von Weitem dem Synagogenvorsteher zu. »Bemühe Jesus nicht! Dein Kind ist schon gestorben!« Die Jünger sehen sich an. »Zu spät«, sagt Johannes. »Oh, Jesus: Jetzt ist es zu spät!«

»Ach, hättest du doch nicht …«, sagt Jakobus. Jesus fährt zu ihm herum: »Was?«, fragt er. »… nicht auf diese arme Frau geachtet?« Jakobus senkt den Kopf. Hier die Frau, da das Kind … »Es ist zu viel!«, sagt er.

»Fürchte dich nicht«, sagt Jesus zu dem Synagogenvorsteher. »Komm, es ist Zeit.«

❧

»Bleibt alle draußen«, sagt Jesus zu der Menge. Nur der Vater und die Mutter und die Jünger dürfen mit ins Haus des Synagogenvorstehers. Petrus, der Fischer, stolpert auf der Schwelle. Er fühlt, wie die Verzweiflung wächst. Ein kleines Mädchen – tot. »Oh Gott«, sagt Petrus. »Das sollte nicht geschehen!«

Jesus hat ihn gehört. »Das Leben ist oft schwer«, sagt er. »Doch heute nicht. Jetzt ist es gut.« Er streckt die Hand aus und sagt zu dem toten Mädchen: »Mädchen, komm: Steh auf.«

Und dann – Petrus traut kaum seinen Augen. Was dann geschieht: Das Mädchen schlägt die Augen auf. Und dann, nicht lange, sagt sie: »Ich hab Hunger!«

Markus 5, 21–42

Von einem Gauner

»Halt dich fern, Jesus!« Es sind Andreas und Jakobus, die ihn warnen. »Der Mann gehört nicht zu den Guten!« Sie sind an einer Zollstation vorbeigekommen, draußen vor der Stadt. Da sitzt Levi, einer aus dem Volk Israel, und verlangt Steuern für den Kaiser der Römer. Für den Feind! Die Leute spucken vor ihm auf die Erde. ›Levi, du gehörst nicht mehr zu uns!‹

»Warum kehrt er nicht um?«, fragt Jesus. »Er kann nicht«, sagt Petrus.

Die Jünger wissen, was Jesus nicht weiß: Wer einmal draußen ist, bleibt draußen. Als hätte er eine ansteckende Krankheit.

Levi streckt nicht die Arme aus. Er sagt nicht: »Herr, hilf!« Aber Jesus sieht ihn an. »Levi?«, fragt er. Levi hat den Blick gesenkt. Jetzt sieht er auf. »Ja, Herr?« Jesus streckt die Hand nach ihm aus. »Komm mit uns, Levi«, sagt er. »Willst du mir helfen?«

Die Jünger zucken zusammen. Levi erhebt sich. Er verschließt seine Geldkassette und lässt sie zurück. »Ja, Herr!«, sagt er. Und strahlt. Jesus wendet sich an seine Jünger. »Fürchtet euch nicht«, sagt er. »Jetzt ist es gut.«

»Warum hast du ihn mitgenommen?«, fragt Petrus später Jesus. Sie suchen Holz für ein Lagerfeuer. »Er gehört nicht zu den Guten.« Jesus richtet sich auf. »Petrus, hast du denn nicht gesehen, wie arm er war?« Petrus lässt das Holz fallen. »Arm? Der?!« Er weiß, wie reich die Zöllner sind. Nicht alles Geld, das sie kassieren, geben sie dem Kaiser.

Jesus sieht Petrus an. »Was macht wirklich reich, Petrus?«, fragt er. Petrus überlegt. »Freunde!«, ruft er plötzlich. »Siehst du, Petrus«, sagt Jesus. »Darum sage ich: Levi war sehr arm.«

Später sehen sie die anderen zusammensitzen. Levi sitzt bei Johannes. Johannes lacht. Und Levi lacht auch. »Sieh mal!«, sagt Petrus zu Jesus. Jesus bleibt stehen. »Was, Petrus?«

»Levi«, sagt Petrus: »Jetzt ist er reich!«

Markus 2, 13–17

Von dem Reichen

»Sieh doch!«, sagt Petrus zu Jesus. Da kniet ein Mann auf dem Weg, den Jesus und die Jünger gehen. »Was für ein kostbares Gewand! Er macht es staubig!« Jesus sieht, was Petrus nicht sieht. »Und wenn schon«, sagt er. »Er ist auf der Suche nach mehr.«

›Nach mehr?‹, denkt Petrus. Er wundert sich.

»Herr!«, ruft der Mann. »Kannst du mir helfen?« Jesus reicht ihm die Hand. »Steh auf«, sagt er. »Der Herr ist Gott allein.« Der Mann steht vor ihm. Die Seide seines Mantels glänzt in der Sonne. »Ich suche das Glück, Herr«, sagt er. »Ich kann es nicht finden.«

Petrus schüttelt den Kopf. Er kann es nicht begreifen. So viel Seide, so viel Samt. »Was macht wirklich glücklich?«, flüstert ihm Johannes zu.

»Glücklich alle, die Gott hören und folgen!«, sagt Jesus. »Die Gebote, Herr!«, sagt der Mann eifrig: »Ich habe sie alle gehalten!« Jesus nickt ihm zu. »Das ist gut«, sagt er. Der Mann sieht auf seine Hände. Ringe an jedem Finger. »Ist das alles?«, fragt er. »Ist da nicht noch mehr?«

Petrus hebt die Schultern. Er kann es nicht begreifen. So viel Gold. »Er hat schon alles«, flüstert er Johannes zu.

»Glücklich alle, die gern geben, was sie haben«, sagt Jesus. Er legt dem Mann die Hände auf die Schultern. »Ich rate dir: Tu's.«

»Was denkst du, Herr?«, fragt Petrus. »Wird er es tun?« Da ist der Mann schon fort. Auf einmal hatte er es eilig. »Es scheint sehr schwer zu sein«, sagt Jesus in Gedanken. Da kommt Levi. Er sieht glücklich aus. »Aber mit Gott«, sagt Jesus, »geht es leicht.«

Markus 10, 17–27

Von Gottes Wächtern

»Das dürfen sie nicht!« Petrus und die anderen Jünger folgen Jesus. Neben ihnen ist ein Kornfeld. Gelb und reif glänzen die Körner in der Sonne. Petrus und die anderen Jünger pflücken sich Korn im Vorübergehen.

»Das dürfen sie nicht!« Auf einmal sind da diese beiden Männer. Sie heben die Zeigefinger und sehen sehr streng aus. »Das ist Arbeit!«, sagen sie. »Und Arbeit ist am *Sabbat* verboten.« Jesus sieht sie an. Er sieht, wer sie sind: *Gelehrte der Tora*, Wächter des Gesetzes. Klug und gottesfürchtig.

»Ihr habt recht«, sagt Jesus. »Und doch auch nicht.« Der eine Wächter regt sich auf. »Was weißt du schon?«, ruft er. »Wir, wir folgen Gott. Wir kennen die *Gebote*, wir wachen über das *Gesetz*.«

»Ihr habt recht«, sagt Jesus wieder. »Aber wisst ihr nicht: Es gibt mehr!«

»Was ist mehr als das Gesetz?«, fragt der andere. »Der Mensch«, sagt Jesus. »Die Menschen sind ja Gottes Kinder.« Er hebt die Hand. »Seht meine Jünger. Seht, wie glücklich sie sind! Das ist der *Segen* des Sabbat!«

»Halt dich fern, Jesus.« Es ist Petrus, der ihn warnt. Jesus und die Jünger sind in die Synagoge gegangen. Es ist Sabbat. Da ist ein Mann mit einer kranken Hand. Er kann sie nicht benutzen.

Petrus sieht, was Jesus nicht sieht: Die beiden Gesetzeswächter sind auch da. Sie stehen hinter dem Mann mit der kranken Hand. Sie haben ihn ganz nach vorn geschoben. Nun wachen sie. Sie passen auf, was Jesus tut.

Jesus hört nicht auf Petrus. Er hört den stummen Ruf des kranken Mannes. »Gib mir deine Hand«, sagt er zu ihm. »Ich mache sie heil.« Der Mann schüttelt den Kopf. »Das darfst du nicht, Herr«, sagt er. »Das ist Arbeit.« Die beiden Männer heben die Zeigefinger: ›Arbeit ist am Sabbat verboten.‹

Jesus hält die kranke Hand des Mannes fest. »Jetzt ist es gut«, sagt er. Der Mann hält still. Sein Gesicht beginnt zu strahlen. »Gelobt sei Gott!«, ruft er.

Jesus wendet sich an die Wächter. »Hört ihr?«, fragt er. »Das ist der Segen des Sabbat!« Die beiden sehen streng und zornig aus. »Gott wird dich *verfluchen!*«, sagt der eine. »Und wir, wir tun es auch!«, sagt der andere.

Petrus zuckt zusammen. Andreas zieht die Schultern hoch. »Sie haben diese *Macht*«, flüstert Jakobus. Johannes hat den Atem angehalten. »Wie war das?«, fragt er: »Fürchtet euch nicht?«

»Fürchtet euch nicht«, sagt Jesus zu den Wächtern. »Ich habe diese Macht von Gott dem Herrn des *Segens* und des Sabbats.«

»Sie glauben dir nicht, Jesus«, sagt Petrus später. Da sind sie wieder unterwegs. »Die Wächter des Gesetzes: Sie haben dich *verflucht*.« Jesus streitet es nicht ab. »Die Wut wird wachsen«, sagt er.

Petrus bleibt stehen. »Was können wir tun?«, fragt er. Jesus geht weiter. »Das weißt du doch, Petrus«, sagt er. »Menschen suchen und segnen.«

Markus 2, 23–28 und 3, 1–6

Was Jesus erzählt

Komm mit in die Welt der Fischer und Bauern, der Herren und Sklaven von damals.
In ihrer Welt hat Jesus sich umgesehen – aus ihrer Welt hat er den Stoff genommen –
für Rätselgeschichten, Gleichnisse. Sie suchen Antwort auf die Frage:
Wie ist es bei Gott? Und: Was ist im Leben wichtig?
Die meisten Gleichnisse hat Matthäus erzählt, aber manche kennt nur Lukas …

Vom Senfkorn

»Du sagst doch immer: Gott kommt«, sagt Petrus zu Jesus. »Und du sagst: Wenn Gott kommt, ist es wie im Himmel.« Es ist Abend. Sie sitzen zusammen am Feuer: Petrus und Andreas, Johannes und Jakobus, Levi und Judas und noch ein paar. Die Jünger sind jetzt zwölf. Auch Frauen sind dabei. »Aber ich sehe nichts!«

»Und ihr?«, fragt Jesus die anderen. »Was seht ihr?«

»Die Wölfe fressen immer noch Schafe«, sagt Jakobus. »Viele Menschen haben Hunger«, sagt Judas. »Und viele haben Angst«, sagt Andreas. »Viele sind krank und haben Schmerzen«, sagt Johannes. »Und alle müssen sterben«, sagt Petrus.

»Aber der Mann mit der kranken Hand!«, sagt eine der Frauen, Maria Magdalena. »Die Schwiegermutter des Petrus! Der Mann in der Synagoge! Die kleine Jaira und die fremde Frau!«

»Was ist mit denen?«, fragt Petrus. »Die fühlen sich jetzt alle wie im Himmel!«, sagt Magdalena.

Jesus hat seinen Beutel geöffnet. Sie denken, er will essen. Aber Jesus sucht ein winziges Korn. Er nimmt es auf den Finger und hält es ihnen hin. »Ein Senfkorn«, sagt Petrus. »Was ist damit?« Jesus rückt näher. »Stell dir vor, ich lege dieses Senfkorn in die Erde. Was wirst du sehen, Petrus?«

»Wie es wächst!«, ruft Maria Magdalena. »Und Senf wächst ziemlich schnell!«

»Erzähle weiter!«, sagt Jesus zu Maria Magdalena. Ihre Augen blitzen. »Es wird ein Strauch«, sagt sie, »ein hoher Busch, am Ende sogar ein Baum mit einer weit verzweigten Krone. Und Vögel kommen und ruhen auf seinen Zweigen.« Jesus hält Petrus noch immer das Senfkorn hin. »Siehst du es jetzt?«, fragt er. »Kannst du es sehen?«

Matthäus 13, 31–32

Von der Perle

»Das mit dem Senfkorn war zu schwer«, sagt Petrus zu Jesus. Es ist Morgen. Sie haben einen weiten Weg vor sich. »Gib mir ein leichteres Rätsel.«

Jesus überlegt. »Perlen«, sagt er. »Stell dir Perlen vor.« Die anderen Jünger rückten näher. Auch die Frauen. Die Augen glänzen. »Perlen sind wunderschön«, sagt Hanna. »Und stellt euch eine Frau vor«, fährt Jesus fort, »die solche schönen Perlen sammelt. Sie hat schon eine ganze Truhe voll.«

»Sie muss sie gut verstecken«, sagt Johannes.

»Eines Tages«, sagt Jesus, »nimmt die Frau all ihre Perlen aus der Truhe. Sie bringt sie einem Händler.« Die Frauen schlagen die Hände vor den Mund. »Die arme Frau. Sie muss in Not geraten sein!« Jesus schüttelt den Kopf. »Sie tauscht die Perlen alle«, sagt er, »für eine einzige, die ihr der Händler angeboten hat. »So viele?«, fragt Petrus. »Für eine?« Jesus sieht ihn an. »Das ist dein Rätsel, Petrus.«

»Als ich dich sah – dort am See«, sagt Petrus später zu Jesus, »da ließ ich alles andere stehen und folgte dir. Bist du die eine Perle, Herr?« Jesus legt ihm die Hand auf die Schulter. »Wenn Gott kommt, Petrus«, sagt er, »ist es wie im Himmel. Nichts anderes kann so kostbar sein!«

Matthäus 13, 45–46

Vom Wächter und vom Gauner

»Ich war der Erste!«, sagt Petrus zu den anderen Jüngern. Sie wandern von Dorf zu Dorf. Jesus geht voran. »Wenn Gott kommt, wird er mich lieben!« Die anderen ärgern sich. Und Levi senkt den Kopf. »Ja«, sagt er. »Du kannst dich freuen.«

Jesus hört, was Petrus und Levi sagen. Er ruft sie zu sich. »Noch ein Rätsel, Petrus«, sagt er. Petrus strahlt. »Kein Problem, Herr«, sagt er. »Ich weiß jetzt, wie man sie löst.«

»Zwei Männer treten vor Gott«, sagt Jesus. »Der eine ist ein Wächter des Gesetzes. Der andere ist ein Gauner. Der Erste tritt vor. ›Sieh mich an, Gott‹, sagt er. ›Ich habe dir immer gut gedient! Du musst mich mehr lieben als diesen Gauner da. Ich habe es verdient.‹ Der Gauner aber senkt den Kopf. ›Und du?‹, fragt Gott. Der Gauner sagt bloß: ›Tut mir leid.‹«

»Und das Rätsel, Jesus?«, fragt Petrus. »Was wird Gott den beiden sagen?«, fragt Jesus.

»Tut mir leid«, sagt Petrus am Abend zu Jesus. Sie haben sich schon in ihre Decken gerollt, kurz vor dem Schlafen. Jesus öffnet die Augen und sieht ihn an. »Sag das den

anderen«, sagt er. »Und Levi.« Petrus sieht traurig aus. »Petrus, mein Fels«, sagt Jesus in die Dunkelheit. »Du weißt jetzt, wie man Rätsel löst.«

Lukas 18, 9–14

Von den beiden Müttern

»Wo werden wir schlafen?«, fragen die Jünger Jesus. Es ist wieder Abend geworden und sie nähern sich einem kleinen Dorf. »Das ist mein Heimatdorf«, sagt Salome. Ein Schatten zieht über ihr Gesicht. »Freust du dich nicht?«, fragt Petrus.

»Als ich fortging«, sagt Salome, »da sagte meine Mutter: ›Wenn du jetzt gehst, dann brauchst du nie mehr wiederzukommen.‹« Petrus legt ihr die Hand auf die Schulter. »Tut mir leid«, sagt er.

Salomes Gesicht wird wieder hell. »Aber da vorn lebt meine Tante. Und sie hat etwas anderes gesagt. ›Komm wieder‹, hat sie gesagt. ›Du bist mir immer willkommen.‹«

Salome breitet die Arme aus. »Ja, kommt, kommt alle mit! Bei meiner Tante werden wir schlafen.«

Die Tante sieht sie kommen. Sie steht in der Tür. Sie kommt nicht heraus. »Salome«, sagt sie. »Tante!« Salome strahlt. »Schau, wer hier ist: Jesus und seine Freunde!« Die Tante macht ein finsteres Gesicht. »Du bist mir immer willkommen, Salome«, sagt sie. »Aber heute nicht. Ich habe schon Besuch. Ihr stört.« Jesus legt den Arm um Salome, als sie weitergehen. »Wo werden wir schlafen?«, fragt Andreas. »Nicht hier«, sagt Jesus knapp.

»Salome! Warte!« Auf einmal folgen ihnen Schritte. Und eine laute Stimme ruft: »Geht nicht vorbei!«

Später sitzen sie im Hof. Sie haben Brot gegessen und Wein getrunken, gesungen und erzählt. »Ausgerechnet Salomes Mutter!«, sagt Petrus zu Jesus. »Wer hätte das gedacht!«

Salome sitzt neben ihrer Mutter und strahlt. »Dass sie uns aufnehmen würde!« Jesus trinkt noch einen Schluck. »Die einen reden, die anderen handeln«, sagt er. »Ein Rätsel, Petrus: Was zählt mehr?«

Petrus wartet ab. Das hat er schon gelernt. »Du wirst es mir sagen, Jesus«, sagt er. Jesus sieht zu Salome. Sie lacht mit ihrer Mutter. »Das Herz«, sagt Jesus. »Am meisten zählt das Herz.«

Matthäus 21, 28–31

Vom gütigen Vater

»Wie schön ist es, nach Hause zu kommen!«, sagt Salome. Jesus und seine Leute haben bei Salomes Mutter geschlafen und sind dann weitergewandert. »Möchtest du bleiben?«, fragt Jesus. Salome sieht ihn an. »Du weißt, dass ich dir folge«, sagt sie.

»Ein Mann hatte zwei Söhne«, sagt Jesus. »Und eines Tages …« Petrus unterbricht ihn. »Ein neues Rätsel, Jesus?«, fragt er eifrig. Die anderen kommen näher. Sie wollen es auch hören.

Eines Tages sagte der Jüngere: »Vater, gib mir Geld. Ich ziehe in die Welt.« Der Vater gab ihm, was er einmal erben sollte, und ließ den Jungen gehen. »Bist du nicht traurig?«, fragte der Ältere. Der Vater sah ihn an. »Ich hab ja dich«, sagte er freundlich.

Aber der Ältere wusste, dass der Vater den Bruder vermisst. Zwei Jahre hörten sie nichts von dem Jungen. Er schrieb nicht einmal einen Brief.

Dann, im dritten Jahr, kommt der Ältere abends nach Haus. Musik klingt aus dem Haus. Ein Diener grillt im Hof ein Kalb. »Was ist geschehen?«, fragt der Sohn. »Dein Bruder, Herr!«, sagt der Diener. »Er ist zurück. Er hat alles verloren. Dein Vater gibt ein Fest.«

Der Ältere schlägt die Arme übereinander. Er fühlt, wie die Wut wächst. »Er soll zum Teufel gehen!«, sagt er. Das hat der Vater gehört, der gerade nach dem Großen schaut. »Komm«, sagt er, »freue dich: Dein Bruder war verloren. Jetzt ist er wieder da!« Wie strahlt dabei sein Gesicht!

»Ich kann den Älteren verstehen«, sagt Andreas. Die anderen nicken. »Und den Vater?«, fragt Jesus. Sie schütteln den Kopf. Salome wiederholt: »Wie schön ist es, nach Hause zu kommen!«

»Was ist das Rätsel, Herr?«, fragt Petrus später. »So wie dieser Vater«, antwortet Jesus, »so ist Gott.«

Lukas 15, 11–32

Vom Weinbergbesitzer

»Wir haben gelernt«, sagt Petrus: »Jeder Mensch bekommt von Gott, was er verdient.« Es ist früh am Morgen. Sie sind an den Fluss gegangen. Sie waschen sich.

»Vergiss nicht, Petrus«, sagt Jesus: »Jeder Mensch ist Gottes Kind.« Petrus taucht ganz unter und taucht prustend wieder auf. »Was bedeutet das, Jesus?«, fragt er.

»Das bedeutet«, sagt Jesus: »Jedes Kind bekommt vom himmlischen Vater, was es braucht.« Als Petrus fragt: »Was braucht es denn?«, erzählt Jesus eine Geschichte:

Es ist zur Zeit der Weinernte. Auf dem Marktplatz stehen früh am Morgen Menschen. Sie brauchen Arbeit für den Tag. Weinbergbesitzer kommen. Sie brauchen Arbeiter für den Tag. »Du«,

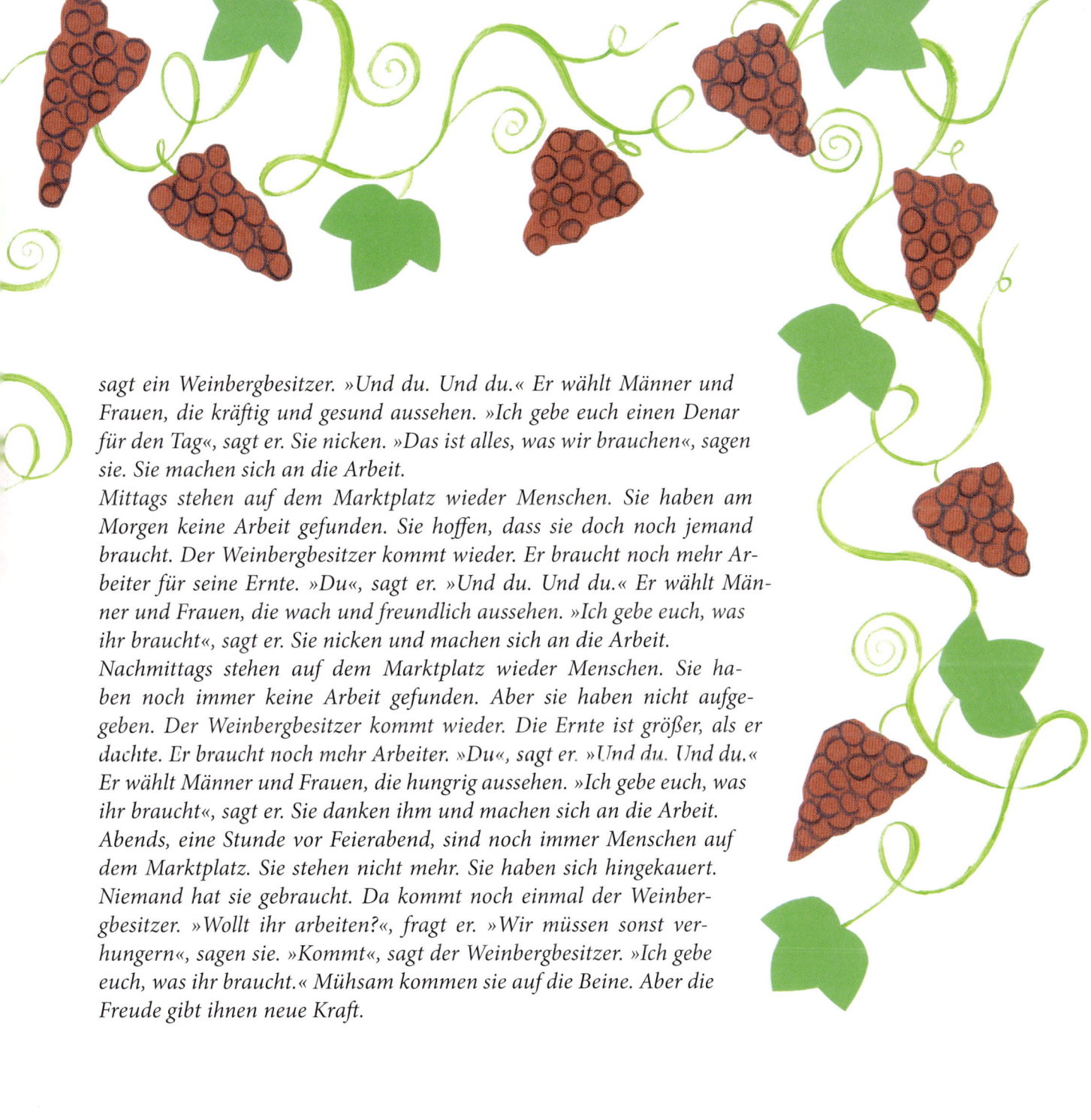

sagt ein Weinbergbesitzer. »Und du. Und du.« Er wählt Männer und Frauen, die kräftig und gesund aussehen. »Ich gebe euch einen Denar für den Tag«, sagt er. Sie nicken. »Das ist alles, was wir brauchen«, sagen sie. Sie machen sich an die Arbeit.

Mittags stehen auf dem Marktplatz wieder Menschen. Sie haben am Morgen keine Arbeit gefunden. Sie hoffen, dass sie doch noch jemand braucht. Der Weinbergbesitzer kommt wieder. Er braucht noch mehr Arbeiter für seine Ernte. »Du«, sagt er. »Und du. Und du.« Er wählt Männer und Frauen, die wach und freundlich aussehen. »Ich gebe euch, was ihr braucht«, sagt er. Sie nicken und machen sich an die Arbeit.

Nachmittags stehen auf dem Marktplatz wieder Menschen. Sie haben noch immer keine Arbeit gefunden. Aber sie haben nicht aufgegeben. Der Weinbergbesitzer kommt wieder. Die Ernte ist größer, als er dachte. Er braucht noch mehr Arbeiter. »Du«, sagt er. »Und du. Und du.« Er wählt Männer und Frauen, die hungrig aussehen. »Ich gebe euch, was ihr braucht«, sagt er. Sie danken ihm und machen sich an die Arbeit.

Abends, eine Stunde vor Feierabend, sind noch immer Menschen auf dem Marktplatz. Sie stehen nicht mehr. Sie haben sich hingekauert. Niemand hat sie gebraucht. Da kommt noch einmal der Weinbergbesitzer. »Wollt ihr arbeiten?«, fragt er. »Wir müssen sonst verhungern«, sagen sie. »Kommt«, sagt der Weinbergbesitzer. »Ich gebe euch, was ihr braucht.« Mühsam kommen sie auf die Beine. Aber die Freude gibt ihnen neue Kraft.

»Lass mich raten!«, sagt Petrus. Um ihn sind andere. Auch sie haben das neue Rätsel gehört. »Die Letzten bekommen Brot und Wein. Aus lauter Freundlichkeit des Herrn.« Er ist stolz, dass ihm das eingefallen ist.

»Die Ersten bekommen den vereinbarten Lohn«, sagt Andreas. »Einen Denar«, sagt Judas. »Und die anderen?«, fragt Maria Magdalena. »Was braucht ein Mensch, um einen Tag zu leben?«, fragt Jesus. »Einen Denar«, sagt Judas. Jesus nickt. »Und den bekommen sie«, sagt Jesus.

»Alle!?«, fragt Jakobus.

»Aber müssen nicht die Ersten mehr bekommen?«, fragt Johannes später. Petrus überlegt. »Mehr als genug?«, fragt Levi. »Wozu?«

Matthäus 20, 1–16

Vom barmherzigen Samariter

»Ich habe eine Frage«, sagt einer der Wächter des *Gesetzes* zu Jesus. Sie treffen sich auf dem Weg. »Frag«, sagt Jesus. Er sieht nicht, was Petrus und die anderen Jünger gleich sehen: Der Wächter will Jesus auf die Probe stellen.

»Wie komme ich in Gottes Reich?«, fragt der Wächter. Jesus sieht ihn an. »Was steht in der *Tora?*«, fragt er. »Wir sollen Gott ehren und lieben und unseren Nächsten wie uns selbst«, sagt der Wächter. Jesus nickt. »Das ist gut«, sagt er. »Das tu.«

Der Wächter schüttelt den Kopf. »Ja, schon«, sagt er. »Aber das ist zu allgemein. Erklär es mir genauer: Wer ist mein Nächster und was genau muss ich tun?« Petrus spitzt die Ohren. Er weiß schon, was jetzt kommt – ein Rätsel.

Da liegt ein Mann. Räuber haben ihn überfallen. Sie haben ihm die Kleider weggenommen. Sie haben ihn geschlagen. Er ist schwer verletzt. ›Vielleicht, wenn einer vorbeikommt und mich sieht …‹, denkt er. Er hat noch nicht aufgegeben. Aber der, der dann kommt, geht einfach weiter.

›Vielleicht, dass noch einer kommt …‹, denkt der Mann. Aber der, der dann kommt, macht einen Bogen. ›Vorbei‹, denkt der Mann. ›Jetzt ist es vorbei.‹ Er schließt die Augen zum Sterben.

188

Aber der, der als Dritter kommt – der steigt vom Esel. Der gibt dem Verletzten Wasser zu trinken. Der verbindet ihm seine Wunden. Der hebt ihn auf und bringt ihn zu einer Herberge. Und zahlt für ein Bett und gute Pflege.

Jesus sieht den Wächter an. »Wer von den dreien lebt in Gottes Reich?«, fragt Jesus. »Der, der dem Verletzten gegeben hat, was er braucht«, sagt der Wächter. Jesus klopft ihm auf die Schulter. »Das kannst du auch«, sagt er. »Tu's.«

Lukas 10, 25–37

Was Jesus machen kann

Komm mit in Gottes Reich, betritt die Welt der Wundergeschichten, eine Welt, in der Hungrige satt werden, Traurige froh, Belastete erlöst, Verlorene gerettet, in der Menschen, die tot waren, neu leben! Komm mit, du wirst staunen.
Mit solchen Geschichten antworten die Evangelisten, jeder auf seine Art, auf ein neues großes Rätsel: Wer ist Jesus? Und was hat es auf sich mit dieser Macht, die Jesus hat?

Aus Wasser Wein

Komm mit ganz an den Anfang von Jesu Wirken – höre ein Wunder, von dem nur einer erzählt, der Evangelist Johannes.

»Jesus, mach mit!« Die Leute haben angefangen zu tanzen. Sie haben einen Kreis gebildet und fassen sich an den Schultern. Dann hüpfen sie: zweimal nach rechts, zweimal nach links und achtmal ringsum. Musik spielt dazu. Die Zuschauer lachen und klatschcn.

Es ist zu der Zeit, als Jesus noch zu Hause bei Maria und Josef lebt. Maria, seine Mutter, hat ihn zu einer Hochzeit mitgenommen.

»Jesus, mach mit!« Jesus erhebt sich. Auch er lacht und klatscht. Und gleich wird er tanzen. Aber da zupft ihn seine Mutter am Hemd. »Jesus!«, flüstert sie. »Du musst helfen.« Jesus fragt: »Wem? Wobei?«

»Der Wein ist alle«, sagt Maria. »Gleich ist das Fest aus. Es sei denn …« Sie zwinkert ihm zu. »Mutter, was willst du von mir?«, fragt Jesus. Maria zwinkert noch mehr. »Ich weiß es längst«, sagt sie. »Du hast diese *Macht* …« Jesus hebt die Hände. »Es ist noch nicht so weit«, sagt er.

Maria geht zu den Dienern. Sie schauen in die Weinkrüge. »Leer. Alles leer«, sagen sie. »Alles wird gut«, sagt Maria. »Tut, was mein Sohn euch sagt.« Sie zwinkert noch einmal. Dann geht sie zurück zu ihren Freundinnen.

»Was sollen wir machen?«, fragen die Diener Jesus. »Füllt die Krüge mit Wasser«, sagt Jesus. »Bis zum Rand.« Sie tun es. Dabei machen sie Scherze. »Guter Gänsewein!«, ruft der eine. »Echter Wein ist mir lieber«, sagt der andere. Und der Dritte schüttelt den Kopf. »Glaubt ihr, die Gäste sind schon so betrunken, dass sie es nicht merken?«

Der Erste nimmt zum Spaß einen Schluck. »Oh, was für ein wunderbarer Tropfen!«, ruft er laut. Die anderen lachen. Der Erste aber ist auf einmal ernst. »Großer Gott!«, ruft er. »Was für ein Wunder!«

»Was?«, »Was?«, »Was?«, rufen alle, die dabeistehen. Der Koch kommt. »Was geht hier vor?«, fragt er streng. »Wir haben neuen Wein«, sagt der Diener. »Probiere.« Der Koch probiert. Sein Gesicht strahlt. »Was für ein Wein!«, ruft er. »Ein wunderbarer Tropfen.«

»Ja, wunderbar«, wiederholt der Diener später. Mit den Augen sucht er nach Jesus. Aber Jesus ist im Kreis der Tänzer verschwunden.

Johannes 2, 1–11

Aus wenig viel

»Jesus, erzähl uns was!« Die Leute haben sich versammelt. Am Ufer, dort wo die Jünger Jesus ans Land gerudert haben. »Jesus, erzähl uns von Gott!« »Von Gott dem Vater!«, rufen sie. »Von Gott dem guten Hirten!«, rufen sie. »Vom Herrn des Segens!«, rufen sie.

Sie haben Jesus schon oft zugehört. Sie haben von ihm

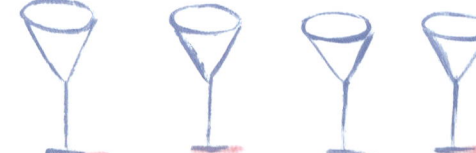

gelernt. Aber sie bekommen nicht genug. Es hört sich so gut an: **Wohlgefallen. Himmel.** Wolf und Lamm. Sie können sich nicht satthören.

Jesus geht voraus. Sie folgen ihm. Auf einem weiten Feld bleibt Jesus stehen. »Also gut«, sagt er. »Dann hier!« Petrus und die Jünger stehen neben ihm. Auch sie haben sich noch nicht sattgehört. »Ihr Ängstlichen«, sagt Jesus, »ihr Hungrigen und Durstigen. Ihr Kranken und ihr Müden! Fürchtet euch nicht! Atmet auf! Ihr habt einen Vater im Himmel. Der *segnet* euch. Er hat euch nicht vergessen.«

»Eine gute Rede«, sagt Petrus später zu Jesus. Da ist es Abend geworden. »Aber wie geht es weiter? Es wird schon dunkel. Die Leute haben nichts zu essen. Sie müssen rasch nach Hause!« Andreas tritt von einem Fuß auf den anderen. »Sie können hier nicht bleiben«, sagt er. »Hier ist nichts.«

»Ihr seid hier«, sagt Jesus. »Gebt ihr ihnen zu essen.« Die Jünger sehen sich an. Sie schütteln die Köpfe. »Was haben wir schon«, sagt Johannes. »Fünf Brote und zwei Fische«, sagt Judas. »Teilt sie!«, sagt Jesus.

»Warum schläfst du nicht?«, fragt Jesus. Es ist mitten in der Nacht. Alle Leute schlafen. Nur Petrus nicht. Er sammelt Brotreste in einen Korb. »Es ist noch so viel übrig«, sagt Petrus zu Jesus. Seine Stimme zittert. Er kann noch immer nicht fassen, was geschehen ist: Die fünf Brote und zwei Fische, sie haben alle satt gemacht. Und mehr!

   »Wer weiß, ob es morgen noch da ist«, sagt Petrus. Jesus sieht ihn an. »Du denkst, es ist Zauberbrot?«, fragt er. »Es schmeckt wie echtes Brot«, sagt Petrus. »Es riecht auch so und fühlt sich so an.« Er zögert.

   »Aber?«, fragt Jesus. Auf einmal lässt Petrus den Korb fallen und fällt vor Jesus auf die Knie. »Herr, was ist es?«, fragt er. Jesus hält ihm die Hand hin. »Es ist Brot«, sagt er. »Für alle, die nicht satt sind.«

Markus 6, 30–44

Aus Sturm Stille

»Jesus, wach auf!« Petrus schreit, so laut er kann. Sie sind auf dem See. Ein Unwetter ist gekommen, ganz plötzlich. Die Wellen werfen das Boot hin und her. Der Sturm zerreißt das Segel.

Der Regen prasselt auf die nackten Arme.

»Schlaf ruhig, Jesus«, hat Petrus gesagt, als sie ins Boot gestiegen sind. Jesus hat so müde ausgesehen vom Wandern, vom Reden und vom Heilen. »Wir rudern dich über den See.«

An so etwas hat Petrus nicht gedacht, nicht an so einen Sturm. Der See ist wie ein Ozean, ein großer und wilder! Der See ist ein tiefes Loch, in dem man versinken kann. Andreas und Johannes und Jakobus klammern sich aneinander. Thomas und Levi hocken im Bauch des Schiffes. Mit ihren Händen schöpfen sie Wasser.

»Jesus, wir gehen zugrunde!«, schreit Petrus. Da erst hebt Jesus den Kopf. Er reibt sich die Augen. Er schaut sich um. »Was ist?«, fragt er. »Siehst du denn nicht?«, schreit Petrus ihn an. »Sturm! Blitz und Donner! Fluch und Verderben!«

Jesus steht langsam auf. »Ihr habt euren *Segen* doch bei euch«, sagt er.

»Wie hast du das gemacht?«, fragt Petrus später. Da sind sie längst am sicheren Ufer. Sie haben ihre Siebensachen zum Trocknen ausgelegt. Sie braten Fische über dem Feuer. »Was?«, fragt Jesus. Die Jünger sehen sich an. »Es ist uns so vorgekommen«, sagt Johannes, »als hättest du dem Wind und dem Wasser befohlen, still zu sein.«

»Und sie waren's«, fügt Petrus hinzu.

Sie sehen alle Jesus an. Jesus nimmt einen Stock und stochert in der Glut. »Wenn ihr nur nicht so viel Angst gehabt hättet«, sagt er schließlich. »Du hast uns gerettet!«, sagt Petrus. Jesus sieht ihn an. »Ich habe diese *Macht*«, sagt er.

Markus 4, 35–41

195

Aus Tod Leben

Komm mit ganz ans Ende von Jesu Wirken. Höre ein Wunder, das von den Evangelisten nur einer erzählt: Johannes.

»Jesus, du musst hingehen!«, raten die Jünger. Eine Botschaft ist gekommen. Lazarus, ein Freund, ist krank. Maria und Marta, seine Schwestern, haben geschrieben: »Der, den du gernhast, wird nicht mehr lange leben. Darum: Komm und nimm Abschied!«

Jesus nickt. »Wir gehen hin. Aber nicht heute und nicht morgen. Wir sind hier noch nicht fertig.« Thomas und Judas stimmen ihm zu. Salome und Magdalena flüstern miteinander. »Es hört sich eilig an«, sagt Salome. »Wenn es dann nur nicht zu spät ist!«, sagt Maria Magdalena.

❧

»Jesus, da bist du ja endlich!« Marta läuft Jesus und seinen Jüngern entgegen. »Es ist zu spät! Wir haben ihn schon in sein Grab gelegt.« Salome stößt Magdalena an. »Siehst du«, will sie sagen. Aber sie sagt es nicht. Sie ist viel zu traurig.

Alle sind traurig. Nur Jesus nicht. »Jetzt ist es gut«, sagt er zu Marta. Da kann Marta sich nicht mehr beherrschen. »Gut wäre es gewesen, wenn du da gewesen wärst!«, ruft sie. »Du bist sein Freund. Und wer weiß: Du hättest ihn heilen können!« Jesus nimmt ihre Hand. »Weine nicht, Marta«, sagt er. »Er bleibt nicht im Tod. Er wird wieder leben.«

Johannes und Jakobus stoßen sich an. Sie haben das schon öfter von Jesus gehört: Der Tod, sagt Jesus, ist nicht das Ende. Nach dem Tod geht es weiter. Anders zwar, aber weiter. Mit Gott.

»Das kann die Schwestern jetzt nicht trösten«, sagt Thomas. Jesus hat es gehört. »Komm, Marta«, sagt er, »zeig mir das Grab.«

❧

»Und jetzt: Macht es auf!«, sagt Jesus. Sie stehen am Grab. Die Jünger und die Frauen. Marta und ihre Schwester Maria. Maria weint. Als Jesus spricht, schaut sie auf. »Lieber nicht!«, sagt sie. Und Marta fügt hinzu: »Er riecht schon.«

Jesus hört nicht hin. Er öffnet das Grab und geht hinein. Petrus hält den Atem an. Er fürchtet sich. Aber er schaut genau hin. Und dann sieht er ihn, Lazarus! Er trägt sein Totenhemd. An Jesu Seite kommt er aus dem Grab.

»Wie hat er das gemacht?«, fragt Jakobus später Johannes. »Er hat diese *Macht*«, sagt Johannes. Judas und Thomas strahlen. Alle strahlen und freuen sich und feiern.

Nur Petrus ist still und ernst. »Was hast du?«, fragt Jesus. »Angst«, sagt Petrus. »Ich habe Angst um dich, Jesus. Was, wenn die Wächter sagen: Du brichst das *Gesetz?*«

Johannes 11, 1–45

Was gut ist in Jesu Augen

Komm, sieh die Welt mit Jesu Augen:
Menschen, die gesegnet sind und Segen weitergeben – das ist, sagt Jesus, wie im Himmel.
Und wie das geht, hat Jesus vorgemacht. Er hat es auch erklärt. Jesu Worte vom Leben
mit dem Segensband: Die Evangelisten haben sie gesammelt und sortiert – jeder auf
seine Weise.
Komm und hör die wichtigsten. Und sieh: Sie machen frei!

Gönnen: Markus erzählt, warum Jesus mit den Gaunern feiert

»Ich habe eine Frage«, sagt ein Wächter des *Gesetzes* zu Jesus. Jesus und seine Jünger sitzen mit vielen anderen Leuten am Tisch. Sie feiern ein großes Mahl. Jesus sieht den Wächter an. »Frag«, sagt er freundlich. Der Wächter beugt sich vor. »Wenn du von Gott bist, wie du sagst«, beginnt er: »Warum gibst du dich mit Gaunern und Verlorenen ab?«

Es stimmt, was der Wächter sagt: An ihrem Tisch sitzen Gauner und Verlorene. »Weil ich von Gott bin«, sagt Jesus. »Halte dich lieber an die Guten«, sagt der Wächter. »Wer braucht denn wohl einen Heiler?«, fragt Jesus. »Ein Kranker oder ein Gesunder?«

Die, die der Wächter »gut« nennt, stehen draußen. Sie machen böse Gesichter. »Wer ist gut?«, fragt Petrus Jesus. »Gut wäre es«, sagt Jesus, »wenn sie hereinkommen und mitfeiern.«

Markus 2, 15–17

Feiern: Matthäus erzählt, wie Jesus zum Mitmachen drängt

»Ich habe eine Frage«, sagt ein Wächter des *Gesetzes* zu Jesus. Er hat Jesus und seine Jünger auf der Straße getroffen. Sie sind schon lange gewandert und sie sind staubig und müde. Jesus sieht ihn an. »Frag«, sagt er freundlich.

Der Wächter zeigt auf Petrus und Andreas. »Sie haben alles stehen und liegen gelassen, um dir zu folgen«, beginnt er. »Ist es nicht besser, sich zuerst um seine Familie zu kümmern?« Petrus horcht auf. Von Zeit zu Zeit stellt er sich die gleiche Frage. »Manchmal heißt es: jetzt oder nie!«, sagt Andreas. Jesus sieht ihn an. »Jetzt oder nie«, wiederholt er. »Ich glaube, du hast recht.« Und er erzählt eine Geschichte.

Ein Mann hatte ein Kind bekommen, ein Kind, auf das er lange gewartet hatte. Vor lauter Freude lud er alle Verwandten und Bekannten ein: »Kommt und freut euch mit mir!« Und er schmückte sein Haus und deckte den Tisch. Wein und Speisen stellte er bereit.
Der erste Freund sagte: »Oh, wie schön: ein Fest! Aber tut mir leid, heute passt es mir ganz schlecht. Vielleicht ein andermal.« Der zweite Freund sagte: »Ein Fest! Ich liebe Feste! Aber leider: Heute kann ich nicht. Vielleicht ein andermal.« Der dritte Freund sagte: »Ich feiere für mein Leben gern. Nur heute habe ich wirklich keine Zeit!«
Der Mann, das Baby auf dem Arm, begriff die Welt nicht mehr. »Jetzt ist die Zeit der Freude!«, sagte er. »Jetzt ist die Zeit des Heils.« Da rief er die, die auf dem Markt nach Arbeit suchten. Er rief die Bettler und die Kranken. »Kommt, kommt zu meinem Fest! Kommt, esst und trinkt. Mein Kind ist da! Wenn das kein Grund zum Feiern ist!«

»Die Bettler und die Kranken?«, fragt Thomas. »Die hatten Zeit«, sagt Judas. »Ich wette, sie sind alle gekommen.« Jesus nickt, »Das sind sie«, sagt er. »Mit Freuden.«

»Ich habe auch eine Frage«, sagt Petrus zu Jesus. Es ist schon spät, aber Petrus kann nicht schlafen. Jesus öffnet die Augen und sieht ihn an. »Dann frag«, sagt er. »Vergleichst du mich mit einem Bettler?«, platzt Petrus heraus. Jesus klopft ihm auf die Schulter. »Du weißt, was du brauchst, Petrus«, sagt er. »Glaub mir: Das ist gut.«

Matthäus 22, 1–14

Verzeihen: Matthäus erzählt, dass Jesus zur Versöhnung ruft

»Ich habe eine Frage«, sagt Jesus zu Andreas und Jakobus. Sie sitzen still am Feuer und wenden sich den Rücken zu. »Frag ihn«, sagt Andreas und deutet hinter sich. »Frag ihn«, sagt ebenso Jakobus. Jesus sieht Maria Magdalena an. »Was haben sie?«, fragt er. »Sie haben sich gestritten«, erzählt Maria Magdalena ihm.

»Andreas hat angefangen«, sagt Salome. »Aber Jakobus ist schuld!«, sagt Maria Magdalena. »Jakobus ist so ein Angeber!«

»Was hat Andreas Jakobus getan?«, fragt Jesus. »Er hat zu Jakobus gesagt: Du Angeber!«, sagt Salome. »Und Jakobus hat gesagt: Nimm das zurück!«, sagt Maria Magdalena. »Aber das will Andreas nicht«, sagt Salome.

»Ich habe eine Frage«, sagt Jesus später wieder. »Andreas, bist du glücklich?«

»Nein«, sagt Andreas. »Frag ihn!«

»Jakobus«, fragt Jesus: »Bist du glücklich?«

»Ich bin beleidigt«, sagt Jakobus. Da wird es Petrus zu bunt. »Himmelherrgottnochmal!«, ruft er. »Ihr sollt euch vertragen!«

»Petrus!«, rufen Andreas und Jakobus wie aus einem Mund. »Du sollst nicht *fluchen!*«

Darüber müssen sie lachen. Im Lachen wenden sie sich zueinander. »Reicht euch die Hände«, sagt Jesus. Sie tun's.

»Vertragen ist schwer«, sagt Petrus zu Jesus. Da sitzen Andreas und Jakobus nebeneinander am Feuer. »Wenn GOTT IM HIMMEL dein Herr ist, ist es leicht«, antwortet Jesus. Petrus wird rot. »Aber Jesus, das war doch nur …« – ein Fluch, will er sagen. Jesus unterbricht. »Petrus«, sagt er, »das war gut!«

Matthäus 18, 22–23

Nachgeben: Matthäus erzählt, dass Jesus seine Feinde liebt

»Er beleidigt Gott!« Einige Wächter des *Gesetzes* stehen beieinander. Sie sprechen von Jesus. Judas hört, was sie sagen. »Er nennt Gott seinen Vater!«, sagen sie. Und: »Er hält nicht die *Gebote*.«

Judas läuft zu Jesus und erzählt ihm, was die Wächter sagen. »Die Wut wächst«, sagt Petrus, der alles mit anhört. »Ich fürchte, sie sperren dich ein.« Jesus nickt. »Das fürchte ich auch.«

»Aber du!« Judas strahlt. »Du wirst es ihnen schon zeigen. Du hast diese *Macht!*«

Jesus lässt ihn stehen und geht zu den Wächtern. »Denkt ihr wirklich«, sagt er, »dass ich die Gebote nicht halte?« Sie schauen ihn an und weichen zurück. »Du hältst sie nicht«, sagen sie.

»Sag mir: Wen liebst du?«, fragt Jesus einen der Wächter. »Gott«, sagt der Wächter. »Und meine Frau und meine Kinder. Meine Eltern. Meine Verwandten. Und meine Freunde. Ich liebe sie wie mich selbst, denn so steht es im Gesetz geschrieben.«

»Du hast recht«, sagt Jesus. »Aber das ist noch nicht alles. Ich sage dir: Du sollst auch deine Feinde lieben. Wenn einer dich auf die linke Wange schlägt, halt ihm auch die rechte hin. Wenn

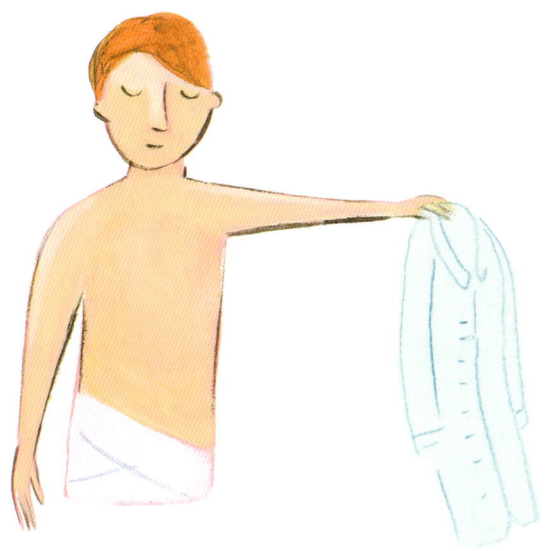

einer dir deinen Mantel wegnimmt, gib ihm auch noch das Hemd. Wenn einer verlangt, dass du einen Weg mit ihm gehst, dann geh mit ihm auch wieder zurück.«

»Warum sollte ich das tun?«, fragt der Wächter. »Aus Liebe«, sagt Jesus. »Aus Liebe zu Gott und damit sich die Menschen vertragen.«

Matthaus 5, 38–45

Frei sein: Matthäus erzählt, dass Jesus nichts haben will

»Sag mir«, fragt Jesus den Wächter weiter: »Wie ehrlich bist du?« Er antwortet: »So ehrlich, wie es das *Gesetz* verlangt. Ich stehle nicht. Ich breche nicht ein. Ich nehme mir nicht, was einem anderen gehört. Denn so steht es im Gesetz geschrieben.«

»Du hast recht«, sagt Jesus. »Aber das ist noch nicht alles. Ich sage dir: Das, was einem anderen gehört, das sollst du noch nicht einmal wollen.« »Aber das schadet doch keinem!«, sagt der Wächter. »Doch«, sagt Jesus. »Dir.«

Segnen: Matthäus erzählt, dass Jesus es gut meint

»Sag mir«, fragt Jesus noch einmal. »Wie friedlich bist du?« Er antwortet: »So friedlich, wie es das Gesetz verlangt. Ich töte keinen Menschen. So steht es im Gesetz geschrieben.«

»Du hast recht«, sagt Jesus. »Aber das ist noch nicht alles. Ich sage dir: Du sollst über niemanden *fluchen*.« »Aber das geht doch nicht«, stöhnen Petrus und die Jünger. Jesus hat sie gehört. »Fluchen geht nicht«, sagt er. »Wie könnt ihr *fluchen*, wenn Gott segnet?«

Der Wächter macht sich klein. Er will unbemerkt verschwinden. »Siehst du?«, ruft Thomas ihm nach. »Jesus hält die Gebote! Er hält sie viel besser als du!«

Matthäus 5, 21–30

Bitten: Matthäus erzählt, wie Jesus betet

»Ich habe eine Frage«, sagt Petrus. Jesus ist allein auf dem Berg gewesen. Jetzt kommt er zurück. »Was machst du da oben auf dem Berg?« Jesus sieht, dass viele die Frage gehört haben. »Ich bete«, sagt er laut. »Beten?«, fragen Andreas und Jakobus.

»Ich spreche mit Gott«, sagt Jesus. »Das tut gut. Ich kann alles sagen und um alles bitten. Gott hört zu.« Petrus hebt die Schultern. »Weil Gott dein Vater ist«, sagt er. »Wir sind alle Gottes Kinder«, sagt Jesus. »Gott ist unser VATER IM HIMMEL.«

»Wie können wir beten?«, fragt Andreas. »Was sollen wir sagen?« Jesus hebt die Arme und betet:

Vater unser im Himmel.
Geheiligt werde dein Name.
Dein Reich komme.
Dein Wille geschehe wie im Himmel so auf Erden.
Unser tägliches Brot gib uns heute.
Und vergib uns unsere Schuld,
wie auch wir vergeben unsern Schuldigern.
Und führe uns nicht in Versuchung,
sondern erlöse uns von dem Bösen.
Denn dein ist das Reich und die Kraft
und die Herrlichkeit in Ewigkeit. Amen.

Matthäus 6, 9–13

Was Jesus erleiden muss

Komm mit auf den Leidensweg Jesu, auf den Weg der Passion.
Es ist der Weg zum Kreuz. Sieh, wie groß der Schmerz und die Einsamkeit Jesu waren,
als er sich nicht wehrte und seine Macht nicht benutzte. Und suche nach Spuren Gottes,
die trösten. Fürchte dich nicht – du weißt doch: Ostern … Am Ende wird es gut.
Komm mit auf den Weg nach Jerusalem, in die heilige Stadt der Juden, erobert von
den Römern, voll von Menschen, die das Pascha feiern wollen, das Fest der Befreiung
aus Ägypten.
Komm mit – der Evangelist Markus kann dich führen …

Der Einzug in Jerusalem

»Kommt, wir gehen nach Jerusalem«, sagt Jesus zu seinen Jüngern. Auch die Frauen sind dabei. »Nach Jerusalem, Jesus?«, fragt Petrus. »Ist das nicht viel zu gefährlich?« Petrus denkt daran: In Jerusalem ist das Haus Gottes, der *Tempel*. Da sind noch mehr Wächter des *Gesetzes* als anderswo. Und sie sind noch strenger.

»In Jerusalem ist das Haus meines Vaters«, sagt Jesus.

»Nun seht euch das an!«, ruft Judas. Sein Gesicht strahlt. Andreas stößt seinen Bruder Petrus an. »Sieht nicht so aus, als wollten sie ihn einsperren, oder?«

Sie sind bis vor die Tore von Jerusalem gewandert. Nun stehen sie davor. Und sehen: Viel Volk hat sich versammelt. Sie warten. Und die Jünger sehen: Sie warten auf Jesus.

Die Frauen hören, was die Menge sagt: »Der Sohn Gottes!«, »Der Retter!«, »Unser König! Geliebt und gesalbt von Gott. Wie David.«

»Sie irren sich!« Jesus bleibt auf einmal stehen. »Ein König wie David?«

»Wie Salomo in seiner Pracht!«, ruft Judas froh.

Petrus sieht Jesus an: das grobe Gewand, die staubigen Füße. »Ganz anders«, sagt er zu Andreas. Jesus hat ihn gehört. »Du hast recht!«, sagt er. Und zu Andreas und Jakobus: »Rasch, holt mir einen Esel! Einen kleinen!«

Die beiden Jünger sehen sich an. ›Was soll das?‹, wollen sie fragen. Aber sie fragen nicht. Sie laufen gleich los. »Das kann dauern«, sagt Petrus gerade zu Johannes. »Sie können ja nichts bezahlen.«

Aber da kommen Andreas und Jakobus schon wieder. Sie führen einen Esel am Seil. »Der ist wirklich sehr, sehr klein«, sagt Judas. Jesus hört ihn nicht. Er setzt sich auf den Rücken des Eselchens. Seine Füße berühren den Boden. »Kommt«, sagt er. »Wir gehen nach Jerusalem.«

Als die Menge Jesus kommen sieht, bricht Jubel aus. »Jesus! Sohn Davids! Rette, rette uns!« Sie singen. Sie loben Gott. Sie loben Jesus. Sie bitten um Hilfe. Alles durcheinander.

Sie reißen Zweige von den Bäumen. Es sind Palmen. Damit winken sie und rufen. Sie ziehen ihre Mäntel aus. Damit bedecken sie den Weg. Ein bunter Teppich für den *Gesalbten*.

»Ein bunter Teppich für den König!«, sagt Judas später. »Habt ihr das gesehen?«

»König auf einem Esel«, sagt Petrus. »Und der Teppich war aus Lumpen.«

»Miesmacher!«, sagt Judas. »Jesus ist unser Herr. Er hat diese *Macht*.«

»Eine ganz andere«, sagt Petrus.

Markus 11, 1–10

Die »Reinigung« des Tempels

»Kommt, wir gehen in das Haus unseres Vaters«, sagt Jesus zu denen, die bei ihm sind. »In den *Tempel*, Jesus?«, fragt Petrus. »Ist das nicht viel zu gefährlich?« Petrus denkt daran: Im Tempel sind die meisten Wächter des *Gesetzes*. Und die mächtigsten.

»Im Tempel wohnt der Geist meines Vaters«, sagt Jesus.

»Nun seht euch das an!«, ruft Thomas. »Was für ein Gedränge! Und alles nur für Gott!« Er hat recht. Der Tempel ist riesig und reich. Und Menschen drängen hinein und heraus. Sie rufen und sie schieben. Sie bringen Opfergaben und Geschenke. Sie ehren damit Gott, den Herrn.

»Ihr irrt euch!«, sagt Jesus. Er bleibt stehen. »Nur für Gott?«

»Man kann auch Geld damit verdienen«, sagt Petrus. Er hat Händler gesehen. An ihren Ständen kann man Opfergaben kaufen. Andenken. Und Wein und Brot. Jesus nickt Petrus zu. »Du hast recht«, sagt er. Und zu Andreas und Jakobus: »Kommt mit!«

Was sie dann tun, haben sie noch nie getan: Sie gehen zu den Händlern – und werfen ihre Tische um. Die Händler schreien und schimpfen und rufen Soldaten zu Hilfe! »Ein Wahnsinniger!«, rufen sie. »Er macht uns alles kaputt!«

»Das ist das *Haus Gottes!*«, ruft Jesus laut. »Ihr habt daraus eine Räuberhöhle gemacht!« Da hören sie auf zu schreien und packen ihre Sachen.

Petrus sieht die Wächter des Gesetzes. Sie stehen in der Nähe und stecken die Köpfe zusammen. Er hört, was sie sagen. »Er beleidigt Gott«, sagen sie wieder. »Er macht alles kaputt.« Und dann: »Er muss sterben.«

Petrus nimmt Jesus an die Hand. »Komm«, sagt er. »Wir gehen.«

»Ja«, sagt Jesus. »Ist gut.«

Markus 11, 15–19

Die Salbung in Betanien

»Komm zu mir, ich lade dich ein!« Ein reicher Mann schickt Jesus eine Nachricht. Er hat ein Haus in Betanien, das ist nahe bei Jerusalem. Jesus zeigt die Nachricht Petrus. »Was meinst du?«, fragt er. »Sollen wir gehen?« Petrus nickt eifrig. »Raus aus Jerusalem, Jesus? Auf jeden Fall!« Er hat die Worte der Wächter im Ohr: »Er muss sterben.«

Der reiche Mann hat ein großes Abendmahl vorbereitet. Er hat viele Freunde eingeladen, alle, die Ansehen haben in Betanien. Eine ist nicht eingeladen: »die da«. Sie hat kein Ansehen, sie hat keinen Namen. Keiner weiß, wie sie heißt. Alle sagen nur »die da«.

Jesus sitzt neben Simon, dem Gastgeber. Er isst Brot und trinkt Wein. Er sagt nichts. Er hat diese Worte im Ohr: »Er muss sterben.«

Auf einmal steht sie vor ihm, »die da« – und alle Gäste zeigen mit dem Finger. ›Die da! Was tut sie hier? Sie ist nicht eingeladen. Sie soll gehen.‹

Die Frau hat ein kostbares Öl. Bevor jemand sie daran hindern kann, gießt sie Jesus das Öl auf die Stirn. Mit leichter Hand verstreicht sie es. »Das soll dir guttun«, sagt sie leise. Jesus sieht sie an. »Das tut es«, sagt er freundlich. »Sag, wie heißt du?«

»Sprich nicht mit ihr«, flüstert Andreas Jesus zu. »Sie ist nicht gut.« Andreas sieht, was Jesus nicht sieht. Die Frau trägt keinen Schleier.

»Rut!«, sagt die Frau zu Jesus. »Ich heiße Rut.« Jesus nickt ihr zu. »Danke, Rut«, sagt er. »Jetzt ist es gut.« Judas und Thomas neben ihm murren. »Eine Hure!«, sagt Thomas. »Dieses kostbare Öl!«, sagt Judas. »Wie viele Arme hätten wir satt machen können, wenn wir es verkauft hätten!«

»Du hast recht«, sagt Jesus zu Judas. »Aber weißt du: Ich muss nun bald sterben. Rut hat mich mit diesem Öl getröstet.« Maria Magdalena legt ihren Arm um Rut. »Das war gut«, sagt sie.

»Sie soll gehen«, sagt Simon, der Gastgeber. »Gut«, sagt Jesus. »Kommt, dann gehen wir alle.«

Markus 14, 3–9

Das letzte Abendmahl

»Kommt, wir feiern Pascha«, sagt Jesus zu den Jüngern. »Nur ihr zwölf und ich. Wir essen Brot und trinken Wein. Wir denken an GOTT DEN GROSSEN BEFREIER. Wir bitten um Kraft für das, was kommt.« Petrus zieht die Schultern hoch. »Was wird da kommen?«, fragt er. »Nichts Gutes«, sagt Johannes.

Sie sitzen zusammen. Jesus hat den Kelch mit dem Wein. Er hat einen großen Fladen Brot. Er nimmt das Brot, dankt Gott und bricht es. »Seht«, sagt er. »Brot des Lebens. Für euch gebrochen.« Er nimmt den Kelch und segnet ihn. »Hier«, sagt er. »Nehmt und trinkt. Saft des Lebens. Für euch vergossen.« Sie teilen das Brot und den Wein. »Von heute an«, sagt Jesus: »Immer, wenn ihr Brot und Wein teilt, denkt an mich.«

Johannes sitzt neben Jesus. Er legt Jesus die Hand auf den Arm. »Das klingt nach Abschied, Jesus.« Jesus nickt. »Du hast recht, Johannes«, sagt er. »Dies ist unser letztes Abendmahl.« Petrus springt auf. »Wieso? Warum?« Jesus schaut zu Judas. »Frag nicht mich, Petrus«, sagt er. »Frag Judas.«

Petrus wendet sich an Judas. »Was?«, fragt er. »Was heißt das?« Da steht Judas auf und geht hinaus. Sein Platz am Tisch bleibt leer.

∾

»Kommt ihr mit?«, fragt Jesus Petrus, Jakobus und Johannes nach dem Essen. Er geht hinaus, sie folgen ihm – nur Petrus, Jakobus und Johannes. »Ich muss beten«, sagt Jesus. »Aber ich mag nicht allein sein.« Es ist schon dunkel geworden. Sie finden einen Garten, Getsemani, mit schönen alten Olivenbäumen. »Hier«, sagt Jesus und fällt auf die Knie. Petrus, Jakobus und Johannes gehen ein Stück weiter.

»Das kann dauern«, sagt Petrus zu den beiden. Sie setzen sich unter einen Baum. »Ich bin müde«, sagt Jakobus. »Das ist ein seltsamer Abend«, meint Petrus. »Es fühlt sich an wie Abschied«, sagt Johannes. Petrus hat Angst. »Ich habe Angst«, sagt er. »Und Jesus auch.«

Markus 14, 10–11.17–26.32–34

Verrat mit einem Kuss

»Da kommen Soldaten!«, ruft Petrus. Sie haben geschlafen. Als sie die Augen öffnen, steht Jesus vor ihnen. Und in der Ferne klirren Waffen. Jesus nickt. »Es ist so weit«, sagt er.

Johannes, Jakobus und Petrus stellen sich neben Jesus. Gemeinsam sehen sie den Soldaten entgegen. Petrus stößt einen Schrei aus. »Wen haben wir denn da!?«

Zwischen den Soldaten geht Judas. Er geht geradewegs zu Jesus. Er gibt ihm den Begrüßungskuss. Und dann tritt der Hauptmann der Soldaten vor. »Du bist Jesus von Nazaret«, sagt er. »Im Namen des obersten Priesters: Du bist verhaftet, Jesus.«

Ketten klirren. »Wieso?«, ruft Petrus. »Warum? Das geht doch nicht!« Der Hauptmann stößt ihn zur Seite. »Na warte!«, ruft Petrus. Er greift nach dem Schwert, das der Hauptmann am Gürtel trägt. »Lass das, Petrus«, sagt Jesus laut. Und dann: »Bleibt hier. Ich gehe allein.«

Die Soldaten nehmen Jesus in ihre Mitte. Sie führen ihn fort. Petrus, Jakobus und Johannes bleiben zurück. Und Judas. »Er wird es ihnen schon zeigen«, sagt Judas. »Er hat diese *Macht!*«

»Geh weg!«, sagt Petrus.

Markus 14, 43–50

Die Verleugnung

»He, du!« Petrus ist den Soldaten nachgegangen. Er steht vor dem Gefängnis. Eine Frau spricht ihn an. »Du bist einer von den Jesus-Leuten.« Petrus zuckt zusammen. »Nein«, sagt er. »Du irrst dich.«

Die Frau leuchtet ihm mit einer Fackel ins Gesicht. »Ich habe dich gesehen«, sagt sie. »Du bist mit Jesus gekommen.« Petrus dreht sich weg. »Nein«, sagt er. »Du irrst dich.«

Die Frau fängt an zu rufen. »Schaut mal!«, ruft sie in die Nacht. »Ein Jesus-Freund! Auch, wenn er es nicht zugibt! Auch wenn er es *leugnet!*«

Andere kommen näher. »Wer?«, rufen sie. »Wo?« Petrus läuft weg. »Nein!«, ruft er. »Ich doch nicht!« Er stolpert. Er achtet nicht auf den Weg.

Dann, auf einmal, bleibt er stehen. Er ist blind vor Tränen. »Das wollte ich nicht«, sagt er. »Was habe ich getan?«

Markus 14, 66–72

Die Kreuzigung

»Kommt, wir gehen mit!«, sagen Salome und Maria Magdalena. Viele Menschen sind unterwegs. Es gibt etwas zu sehen: Drei Menschen werden hingerichtet. Zwei sind Verbrecher. Der dritte ist Jesus. »Er beleidigt Gott«, sagen die einen. »Er macht alles kaputt«, sagen die anderen. Salome und Maria Magdalena wissen es besser. »Er macht alles gut«, sagt Salome leise zu Maria Magdalena.

Die *Jünger* wollen nicht mitgehen. »Ich ertrage es nicht«, sagt Andreas. »Ich habe Angst«, sagt Jakobus. »Ich fürchte, sie verhaften auch uns. Und dann sind wir dran!«

Petrus sagt gar nichts. Er hat nicht mehr gesprochen, seit er vom Gefängnis zurückgekommen ist, früh in der Morgendämmerung.

Die Frauen brechen auf. Nur Johannes geht mit. Es ist ein Hügel, auf dem die Hinrichtungen stattfinden, Golgota. Ein steiler Weg führt hinauf. Die Menschen säumen den Weg. Die Soldaten führen die Verurteilten. Jeder Verurteilte trägt sein Kreuz.

»Was haben sie mit ihm gemacht?«, flüstert Salome. Jesus sieht schwach und müde aus. Er blutet aus vielen Wunden. Eine Krone aus Dornen trägt er. Und das schwere Kreuz, an das sie ihn nageln werden, muss er selbst den Hügel hinauftragen.

»Jesus!« Ein Schrei aus der Menge. Salome greift nach Maria Magdalenas Hand. Sie sieht, wie sich eine Frau nach vorn schiebt. »Mein Sohn Jesus!« Jesus bleibt stehen und sieht sie an. »Sei *gesegnet*, meine Mutter.«

Salome und Maria Magdalena treten zu der Frau. »Maria aus Nazaret?«, fragen sie. »Mein Sohn!«, ruft Maria. »Oh mein Sohn, mein Sohn Jesus!«

Zu dritt gehen sie weiter den Hügel hinauf. Dort werden die Verurteilten an die Kreuze genagelt. Die Kreuze werden aufgestellt.

Da hängen sie. Die Menge schaut zu ihnen auf. Johannes und Maria treten zu Jesus. Salome und Maria Magdalena sind nah.

»Er stirbt«, sagt Maria Magdalena. »Und Gott?«, fragt Salome. Da hören sie Jesus schreien: »Mein Gott, mein Gott, warum hast du mich verlassen?«

Dann ist es still, totenstill. Jesu Kopf ist zur Seite gesunken. »Er ist tot«, sagt Maria Magdalena. Johannes hält Jesu Mutter im Arm. Sie weint an seiner Schulter.

In diesem Augenblick, heißt es später, ist der römische Hauptmann, der Hauptmann der Wache, auf einmal weise geworden: »Dieser Mensch ist wirklich Gottes Sohn gewesen«, sagt er.

Die Frauen in ihrem Schmerz hören es nicht. »Es ist, als ob die Sonne untergeht«, sagt Salome zu Maria Magdalena. »Es ist, als ob die Hölle offen steht!« Maria Magdalena kann lange nicht sprechen. Erst später sagt sie: »Die Hölle wird ihn nicht halten!«

Markus 15, 20–24.33–41

Geschichten vom auferstandenen Christus und vom Geheimnis des Heiligen Geistes

Christus spricht: »Ich war tot und seht: Ich lebe – und ihr: Ihr sollt auch leben!«

Wenn ich mit Menschen- und mit Engelzungen redete
und hätte die Liebe nicht,
so wäre ich ein tönendes Erz
oder eine klingende Schelle.

Die Liebe ist langmütig und freundlich,
die Liebe eifert nicht, die Liebe treibt nicht Mutwillen,
sie bläht sich nicht auf,
sie verhält sich nicht ungehörig,
sie sucht nicht das Ihre,

sie lässt sich nicht erbittern,
sie rechnet das Böse nicht zu,
sie freut sich nicht über die Ungerechtigkeit,
sie freut sich aber an der Wahrheit;

sie erträgt alles, sie glaubt alles, sie hofft alles, sie duldet alles.

Die Liebe hört niemals auf.

Nun aber bleiben Glaube, Hoffnung, Liebe, diese drei;
aber die Liebe ist die größte unter ihnen.

1 Korinther 13, 1–13

216

Was Jesus unsterblich macht

Komm, stell dir vor: Der, dem du gefolgt bist, ist fort, verloren, tot und begraben.
Ein großer Stein liegt vor dem Grab und sagt dir: Was tot ist, ist tot und kommt nicht
wieder. Stell dir vor: Du weißt nicht weiter. Dein Weg hat kein Ziel mehr. Du tust, was
Petrus und die anderen tun: Du setzt dich in Simons Haus, schließt Fenster und Türen.
Trauerst. Wartest. Fürchtest dich. Simons Haus – ein Schneckenhaus für dich, fast wie
die Grabhöhle Jesu. Tot ist tot und kommt nicht wieder …
Und stell dir vor: Auf einmal hörst du: Jesus lebt! Wir haben ihn gesehen. Jesus lebt.
Er ist nicht tot geblieben. Der Weg, der Weg geht weiter.
Die Evangelisten erzählen vom Wunder der Auferstehung, jeder auf seine Weise.
Die Geschichten sind wie Puzzleteile – am besten mach dir selbst ein Bild.

Drei Frauen am Grab

Geh mit Maria, Maria Magdalena und Salome. Geh zum Grab am dritten Tag, den
wir heute Ostern nennen – denn so erzählt es Markus:

»Kommt, wir gehen noch einmal zum Grab«, sagen Salome und Maria Magdalena zu
Petrus und den anderen. »Es ist der dritte Tag.« Aber Petrus und die anderen schütteln
die Köpfe. »Wozu?«, sagt Andreas traurig. »Was tot ist, ist tot und kommt nicht wieder.«

»Wir können ihn salben«, sagt Maria. Sie hat Salböl gekauft. »So ist es Brauch.« Salome nickt. »Kommt, wir gehen«, sagt Maria Magdalena zu Maria und Salome.

Sie reden nicht viel auf dem Weg. Aber plötzlich sagt Salome: »Wer wälzt uns den
Stein vom Eingang des Grabes?« Sie sehen sich an. So ein Stein ist sehr schwer. Sie wer-

den es allein nicht schaffen. Maria Magdalena hat schon wieder Tränen in den Augen.

»Seht doch!« Maria packt Maria Magdalena am Arm. Da sehen sie es alle: Das Grab ist offen. Der Stein liegt daneben. Vorsichtig treten sie näher. Hell ist die Grabkammer. Als wäre drinnen Licht.

»Seht!« Sie reiben sich die Augen. Da, wo Jesus liegen soll, liegt nichts. Und doch ist die Kammer nicht leer. Einer ist da, der wacht. Oder wartet. Ein Wesen wie Licht.

»Fürchtet euch nicht«, hören die Frauen. »Jesus ist nicht mehr bei den Toten. Er lebt. Er ist *auferstanden*. Sagt Petrus und den anderen: Sie sollen zum See gehen. Da werden sie es sehen.«

Es? – Was? – Keine der Frauen fragt. Sie sind viel zu erschrocken. Den Topf mit der Salbe lassen sie fallen. Sie laufen, sie rennen. Nur weg!

Markus 16, 1–8

Der Auftrag

Ähnlich und doch anders: Matthäus folgt Markus – und findet ein eigenes, anderes Ende.

»Er lebt!« Die Frauen sind nicht weggelaufen. Sie sind vom Grab zu Petrus gelaufen. »Jesus lebt!«, haben sie in das dunkle Haus gerufen. Sie haben von einem Engel erzählt und von einem Auftrag: »Zurück zum See!« Ganz atemlos. »Da werden wir es sehen!«

»Sehen? Was?« Petrus ist aufgestanden. Zum ersten Mal seit drei Tagen.

»Zurück«, sagt Jakobus, »nun sind wir also zurück.« Sie stehen auf dem Berg am See. Da hat Jesus am Anfang von GOTT DEM VATER erzählt. Da hat er gebetet. Da hat er geheilt. »Und jetzt?«, fragen die anderen, Männer und Frauen.

»Er kommt«, sagt Petrus. »Ich sehe nichts«, sagt Andreas. »Da ist er«, sagt Johannes. »Hört ihn!«, sagt Petrus. »Er spricht!« Da hören sie alle, was Petrus hört – den Auferstandenen, wie er sie segnet und spricht:

Ich habe diese **Macht**.
Ich teile sie mit euch.
Geht und erzählt,
was ihr von mir erfahren habt.
Geht und sagt es weiter.

Und wer mich hört,
dem gebt ein Zeichen:
Tauft ihn, so wie ich getauft bin.
Matthäus 28, 16–20

Thomas

Und noch einmal anders: Johannes erzählt, Maria Magdalena allein habe das leere Grab gesehen. Und dann den Auferstandenen. Am Ostertag. Maria Magdalena ist nicht weggelaufen. Sie ist zu Petrus und den anderen gelaufen. Aber so ein Wunder – erst ist er tot, dann lebt er wieder –, das glaubt nur, wer es selbst erlebt.

»Was ist denn hier los?« Thomas, einer der Jünger, ist draußen gewesen. Drinnen im Haus mit den anderen ist es ihm zu eng gewesen und zu still. Sie haben dagesessen, **221**

Petrus und die anderen, als wäre nicht nur Jesus tot, sondern jeder Einzelne von ihnen auch. So traurig. Jetzt aber, als Thomas wiederkommt, da schaut er in aufgeregte Gesichter. Jeder Einzelne ist voller Leben.

»Er ist *auferstanden!*«, rufen die anderen Thomas entgegen. »Er ist wahrhaftig auferstanden!« Sie rufen alle durcheinander. »Jesus war hier! Denk dir nur: Als wir beim Abendmahl saßen, war plötzlich Jesus da!« Und weiter: »Die Tür war geschlossen! Das hat ihn nicht gehindert. Auf einmal war er bei uns!«

»Ihr habt seinen Geist gesehen?« Thomas wundert sich. Jakobus lacht. »Nein, Thomas, keinen Geist!«, ruft er. »Er war es selbst, aus Fleisch und Blut!« Und Johannes fügt hinzu: »Ich habe die Wunden von den Nägeln gesehen: an seinen Händen und Füßen.«

Thomas schüttelt den Kopf. »Das kann ich nicht glauben«, sagt er. »Es sei denn, ich sehe es mit eigenen Augen.« Er überlegt. »Anfassen muss ich ihn«, fügt er hinzu, »mit meinen eigenen Händen.«

$$\backsim$$

»Friede sei mit euch«, sagt der Gast. Es ist Abend. Petrus und die anderen sitzen beim Abendmahl. Auch Thomas. Plötzlich ist Jesus mitten unter ihnen. Die Tür ist geschlossen. Das hat ihn nicht gehindert.

Thomas starrt den Gast an und sagt kein Wort. Er isst nicht und er trinkt nicht. »Was ist los, Thomas?«, fragt der Gast. Er hält Thomas seine Hände hin. »Hier«, sagt er. »Sieh die Wunden von den Nägeln. Berühre sie. Damit du glauben kannst: Ich lebe!«

Thomas hält die Hände auf dem Rücken. »Mein Herr und mein Gott!«, sagt er. Auf einmal glaubt er felsenfest.

Johannes 20, 24–29

Auf dem Weg nach Emmaus

Komm, erlebe das Osterwunder noch einmal neu – so, wie Lukas es erzählte.

»Genug, es ist genug.« So haben sie gesagt, zwei, die Jesus gefolgt sind. Als er tot war und als dann Frauen von Haus zu Haus gingen und sagten: »Sein Grab ist leer. Er ist nicht mehr hier«, da sagten sie: »Genug. Nun ist es Zeit, nach Hause zu gehen.« Sie sagten auch: »Wir haben uns geirrt. Das mit Jesus – das war ein Traum, das hatte keine Zukunft.«

»Keine Zukunft« – das sagen sie auf dem Weg. Sie gehen nach Emmaus, dorthin zurück, wo sie aufgebrochen sind.

»Wirklich nicht?« Auf einmal fragt sie einer: »Wirklich nicht?«

Erstaunt sehen sie sich an. Da geht einer zwischen ihnen. »Es ist nicht vorbei. Es fängt gerade erst an«, sagt er. »Habt ihr die *Propheten* nicht gelesen?«

Sie sehen ihn an. Sie verstehen ihn nicht. Da erklärt er ihnen, was die Propheten verkündigt haben: »Er kommt, GOTTES GESALBTER. Er erlöst von der Sünde. Er stirbt. Er besiegt den Tod. Und dann – dann steht der Himmel offen.«

»Genug«, sagt der Fremde, als sie in Emmaus sind. Es ist Abend geworden. »Nein, nicht genug!«, sagen die beiden. »Bitte, Herr, bleibe bei uns. Bei deinen Worten brennen unsere Herzen.«

Der Fremde bleibt zum Abendmahl. Er nimmt das Brot. Er dankt und bricht es. Da, plötzlich, erkennen sie ihn. Und als sie ihn erkennen, ist er weg.

»Nicht genug!« Sie rennen zurück. Bis nach Jerusalem. Noch in der Nacht. »Petrus!«, rufen sie. »Andreas, Jakobus, Johannes …!«, rufen sie froh. »Es ist nicht vorbei! Es fängt gerade erst an!« Atemlos stürzen sie herein. » Jesus lebt!«, rufen sie. »Und der Himmel steht offen!«

Lukas 24, 13–35

Himmelfahrt

Lukas beendet die Reihe der Ostererzählungen mit einem dicken, fetten Doppelpunkt. Komm und sieh: ein neues Rätsel.

»Kommt mit!«, sagt Petrus. Die Frauen und die Jünger heben die gesenkten Köpfe. Sie haben wieder in der Enge gesessen. Sie haben gewartet. Sie haben gehofft.

›Ob sich der Auferstandene zeigt?‹

»Komm mit nach Betanien«, sagt Petrus. »Er ruft uns.«

»Ich höre nichts«, sagt Andreas.

Sie folgen Petrus. Alles ist besser als sitzen und warten. Sie lassen Jerusalem hinter sich. Petrus führt sie auf ein weites Feld. »Da ist er«, sagt Jakobus. Sie heben die Blicke. Sie sehen, was Jakobus sieht, sie sehen den *Auferstandenen*. »Er segnet uns«, sagt Johannes. Sie spüren den Segen.

»Er ist fort«, sagt Andreas. »Wir sind allein.« Sie sehen ihm nach, dem Auferstandenen. Dann senken sie die Köpfe und kehren um. »Wir sollen warten«, sagt Petrus. »Worauf denn, Petrus?«, fragen alle. Petrus sieht sie an und überlegt. »Ein neues Rätsel«, sagt er dann. »Ich kann es noch nicht lösen.«

Lukas 24, 50–52

225

Wie das Licht in die Welt kommt

Nach Ostern und Himmelfahrt kommt Pfingsten – und schließlich erzählen Matthäus und Lukas die Weihnachtsgeschichten – für das beliebteste der Feste: den Heiligen Abend.

Pfingsten: Der Heilige Geist kommt

Komm mit in die Gassen von Jerusalem, komm mit zum großen Erntefest. Kinder Israels aus aller Welt, Juden, treffen sich dort und feiern. Sie loben ihren Gott. Komm mit und sieh, was da geschieht, fünfzig Tage nach Ostern, in einem Haus mit geschlossenen Türen.

Lukas erzählt: Die, die Jesus gefolgt sind, sitzen noch immer und warten. Noch immer sind sie wie im Schneckenhaus. Noch immer haben sie das Rätsel nicht gelöst …

Geduckt sitzen sie da, die Männer und Frauen, gedämpft sind ihre Stimmen. »Wie geht es weiter?«, sagen sie. Und: »Was soll aus uns werden?« Manchmal sagen sie auch: »Wir sollen aufstehen, wir sollen unsere Stimmen erheben.« Aber sie tun es nicht. Sie warten.

Und dann geschieht das Wunder: Auf einmal heben sie die Köpfe. Auf einmal haben sie Feuer in ihren Blicken. Auf einmal weht es wie ein frischer Wind durchs Haus. »Wir tun es«, sagt einer von ihnen, Petrus.

Die anderen nicken. Die Frauen gehen zur Tür. Im Nu ist sie offen. Und Petrus tritt hinaus, zusammen mit den anderen. »Männer und Frauen!«, ruft Petrus laut. »Wie gut, dass ihr zum Fest gekommen seid. Es gibt noch mehr zu feiern. Jesus, der tot war, lebt! Er ist auferstanden, GOTT DER SCHÖPFER hat ihn von den Toten erweckt. Und

GOTT DER VATER sagt: ›Das ist mein lieber Sohn; den sollt ihr hören.‹

Jesus hat alles gut gemacht! Er sprach zu uns von Gott, vom GÜTIGEN GOTT. Er war GOTT-BEI-DEN-MENSCHEN und brachte uns Segen. Er hatte diese *Macht*. Und jetzt hat er den Tod besiegt. Für uns, liebe Frauen und Männer. Für uns, denn wir sind Gottes Kinder.«

Die Menschen in Jerusalems Gassen sind stehen geblieben. Sie hören zu, sie schütteln die Köpfe. Viele haben von Jesus gehört, manche haben ihn gekannt. Einige sind traurig gewesen, als er starb, andere dachten: ›Vielleicht ist es richtig.‹

»Er lebt?«, murmeln sie. »Er hat den Tod besiegt?« Und: »Was heißt das?«, fragen sie. Und auch: »Vielleicht ist Petrus betrunken?« Petrus schüttelt den Kopf. »Betrunken nicht! Berührt von *Heiligem Geist*.«

Ein Rätsel, ein Wunder: Alle verstehen, was er sagt. Und das, obwohl sie zu Gast in Jerusalem sind, aus aller Welt! Sie verstehen, was er sagt, und viele glauben ihm.

228 *Apostelgeschichte 2, 1–36*

Wunder und Taufen: Der Heilige Geist wirkt

Aufrecht wandern sie durch die Gassen von Jerusalem, Männer und Frauen, die Jesus gefolgt sind. Sie nennen ihn CHRISTUS DEN GESALBTEN. Sie sagen: »Er lebt.«

Sie rufen es in jedes Haus. Dem lahmen Bettler rufen sie es zu – und er lässt jubelnd seine Krücken fallen. Dem Kranken und der Schwachen rufen sie es zu – und beiden geht es wieder gut. Selbst einem toten Mädchen rufen sie es zu – und es steht wieder auf.

»Sie bringen alles durcheinander«, sagen die einen. »Sie beleidigen Gott«, sagen die anderen. Sie verbieten, dass der Name Jesus genannt wird. Sie verbieten, ihn CHRISTUS zu nennen. Sie verbieten zu sagen: »Er ist *auferstanden*.«

»Sonst sperren wir euch ein«, drohen sie.

»Ich kann nicht schweigen«, sagt Petrus. »Mein Herz ist so voll. Meine Seele ist so froh. Mein Mund spricht, was Gottes Geist will.« Jakobus und Johannes, Maria Magdalena und Salome sagen das Gleiche.

Viele, die das hören, glauben Petrus: JESUS CHRISTUS ist auferstanden. Sie lassen sich taufen. Die Taufe ist das neue Zeichen. Es bedeutet: Ich gehöre dazu, zu den Christus-Anhängern, den Christen.

Apostelgeschichte 5, 12–16 und 4, 16–20

Weihnachten: Matthäus erzählt von Weisen Männern

Komm mit in die Schreibstube des Evangelisten Matthäus.
Er sucht noch einen Anfang für sein Evangelium. Er fragt sich: Hat es nicht Zeichen gegeben, von Anfang an? Ist nicht schon die Geburt des kleinen Jesus ein Wunder gewesen? Und er erzählt von einem besonderen Stern …

»Sieh dir den an!« Ein weiser Mann ruft seinen Freund. Die beiden sind weise in der Sternenkunde. Sie kennen jeden Stern am Himmel und jedem geben sie eine Bedeutung.

Die beiden sehen durch Fernrohre. Die Rohre holen die fernen Sterne dicht an die Augen der Sternenseher.

»Den kenn ich nicht!« Der Freund lässt das Fernrohr sinken. »Wie kann das sein?«, fragt der Erste. »Das ist uns lange nicht passiert!« Sie reiben sich die Augen. »Es ist ein neuer Stern, ein Stern, wie er noch nie da war«, sagen sie.

»Ein Königsstern«, sagen sie. »Ein neuer, besonderer Stern für einen neuen, besonderen König.« Sie packen eilig ihre Sachen. »Was muss das für ein König sein!«, sagen sie. »Den müssen wir mit eigenen Augen sehen!«

❧

»Sieh dir den an!« Die weisen Männer sind dem Stern gefolgt. Er führt sie in das Land Israel. Da sind sie nie gewesen. Sie finden die Hauptstadt, Jerusalem, und den Palast des Königs Herodes. Herodes geht gerade auf den Zinnen der Mauern spazieren. Er trägt den Kopf hoch. Die Diener, die ihn begleiten, gehen geduckt.

»Den mag ich nicht!« Die Weisen sehen sich an. »Solche wie den gibt es überall. Für den scheint kein neuer, besonderer Stern.« Sie wenden ihre Kamele. »Wir hätten es uns denken können«, sagen sie. Denn der Stern steht nicht genau über Jerusalem.

❧

»Sieh dir das an!« Die weisen Männer sind bei einer Schutzhütte für Hirten angekommen. Es ist kaum mehr als eine Höhle. Der neue Stern taucht sie in silbernen Glanz. Er steht genau über dem Dach. »Hier ist es!« Die Weisen klatschen vor Freude in die Hände. »Was für ein Glanz in der einfachen Hütte!« Sie steigen von ihren Kamelen.

Innen prasselt ein Feuer. Ein Baby macht leise Töne. Die Mutter hält es im Schoß, der Vater bricht Brot.

Die weisen Männer verneigen sich tief. Sie erzählen, woher sie kommen und warum.

»Wir haben einen neuen Stern gesehen. Wir glauben: Ein neuer König ist geboren, ein neuer, besonderer König für die ganze Welt.«

Der Vater gibt ihnen Brot. »Willkommen, ihr weisen Männer. Was für ein Glanz in unserer Hütte.« Die Mutter zeigt ihnen das Kind. »Natürlich ist er ein König«, sagt sie.

»Für mich und für ihn« – sie deutet auf ihren Mann – »aber: für die ganze Welt? Seid ihr sicher?«

»Wir sind weise«, sagen die weisen Männer und nicken.

»Hast du das gesehen?«, sagt der eine beim Fortreiten zum anderen. Sie haben ihre Gaben zurückgelassen: Weihrauch, Gold und Myrrhe. »Es ist nicht der Stern, der die Hütte in Glanz taucht. Ich glaube: Es ist in Wahrheit das Baby.«

Matthäus 2, 1–12

Weihnachten: Lukas erzählt von Hirten und Engeln

Komm mit in die Schreibstube des Evangelisten Lukas.
›Was für ein Wunder!‹, denkt er: ›Gott selbst schenkt den Armen und Elenden seinen
Retter! Das muss Gott doch angekündigt haben! Je eher sie es erfahren, desto besser!‹
Und er erzählt von geheimnisvollen Boten …

»Fürchte dich nicht!« Maria sieht ein **Wesen aus Licht**. Sie hört eine große Stimme. »Ich habe eine gute Nachricht. Du bist auserwählt, Maria. Du wirst GOTTES RETTER zur Welt bringen.«

»GOTTES RETTER? Ich?« Maria breitet die Arme aus und schaut an sich herunter. Ihr grober Kittel ist geflickt. Sie geht barfuß. Ihre Familie ist arm, ihr Bräutigam auch. Sie haben oft zu wenig zu essen.

»Für die Armen und Elenden«, hört sie. Maria seufzt. »Also auch für mich«, sagt sie leise. Und dann lauter: »Das ist wunderbar! Dann soll es doch noch *Gerechtigkeit* geben?«

☙

»Fürchtet euch nicht!« Die Hirten sehen ein helles Licht. Sie hören eine große Stimme. »Ich bringe gute Nachricht. Denn euch ist heute GOTTES RETTER geboren.«

»GOTTES RETTER?« Die Hirten reiben sich die Augen. »Uns?« Sie sehen sich an. Sie sind wilde, grobe Kerle, das harte Leben hat sie hart gemacht.

»Und aller Welt«, hören sie. Die Hirten tauschen Blicke. »Uns und der Welt«, wiederholen sie. »Dann soll es doch noch Frieden geben?«

»Seht selbst«, sagt der *Engel*. »Es ist gleich dort hinten – im Stall. Maria und Josef aus Nazaret sind nach Betlehem gekommen, wegen der Volkszählung des Kaisers Augustus, ihr wisst schon. Und gerade da ist ihr Kind geboren. In Betlehem, ihr wisst schon – genau wie König David.«

Die Hirten sehen sich an. »König David war ein Hirte wie wir.« Sie nicken und stehen langsam auf. »Diesen Retter – den sehen wir uns an.« Der Himmel singt, als sie gehen, Gottes Lob – und von Gerechtigkeit und Frieden für die Menschen.

Lukas 1, 26–38 und 2, 1–15

Wie das Licht sich ausbreitet

Komm mit in eine aufregende Zeit, die Zeit der ersten Christen.
Stell dir vor, wie Petrus und die anderen weiter und weiter reisen, um überall das
Evangelium zu verkünden: dass Jesus Christus gestorben und auferstanden ist, um
die Menschen von Sünde und Tod zu befreien. Komm und sieh: einen Zweiten wie
Petrus, entschlossen und mutig. – Auch wenn er erst einen gehörigen Schubs brauchte …

Mit Eifer nach Damaskus

Komm mit nach Damaskus, in die engen Gassen der Stadt. Hier treffen sich heimlich
die Christen zum Gebet und zum gemeinsamen Essen. Sie fühlen sich nicht sicher.
Komm mit ans Stadttor, mische dich unter die Menge. Es gibt etwas zu sehen …

Sie führen einen Blinden in die Stadt. Die Menschen von Damaskus sehen zu. Sie erkennen die Kleider, die Reittiere, das Gefolge. »Leute aus Jerusalem«, sagen sie untereinander. »Und der Blinde – ist das nicht ein Wächter des *Gesetzes?*«

Der eine oder andere weiß mehr. »Ja, das ist Paulus«, sagen sie. »Wir hörten, dass er nach Damaskus kommt.« Und: »Er macht Jagd auf Christen! Er sagt, sie beleidigen Gott.« Schließlich: »Aber warum ist er blind …?« Ein kleiner Junge sagt: »Vielleicht deshalb?«

Die Begleiter des Wächters verlangen eine Herberge und einen Arzt. Ein *Synagogenvorsteher* tritt vor und begrüßt sie. Er führt sie in sein Haus. Die Menge verläuft sich. Der kleine Junge aber hat einen Arzt gefunden. »Komm!«, ruft er und zieht den Arzt an der Hand. »Da ist ein Blinder in die Stadt gekommen. Den kannst du heilen!«

»So blind ist der gar nicht«, sagt der Arzt später zu dem Jungen. »Er braucht nur Zeit zum Nachdenken und einen Christen, den er fragen kann.« Der kleine Junge nickt. »Er hat ja dich, Ananias.« Denn der Arzt, Ananias, trägt das Zeichen der Christen, ein Kreuz. Ananias erzählt dem Jungen die Geschichte von Paulus.

Damaskus, ich muss nach Damaskus.« Paulus treibt sein Reittier an. Er hat einen wichtigen Auftrag. »Verhaften, ich werde sie alle verhaften, die Unruhestifter, die Gotteslästerer!« Paulus hasst die Christen. Er weiß genau, die Christen lehren falsch.

Vor ihm liegen schon die Mauern von Damaskus. Seine Begleiter sind zurückgefallen. So eifrig drängt Paulus voraus. »Damaskus!«, ruft Paulus. Da macht sein Pferd einen Satz. Wiehert. Bäumt sich auf. Und Paulus – liegt am Boden.

Der Himmel über ihm ist hell und klar. In seinen Ohren klingt ein lauter Ruf: »Paulus, Paulus, wohin mit so viel Eifer?« Paulus mag keine Überraschungen. »Wer bist du?«, ruft er blinzelnd ins Licht. »Ich bin der, den du verfolgst: Jesus Christus.«

»Aber nein!«, ruft Paulus. »Die Christen lehren falsch. Du kannst nicht – auferstanden – sein!« Er hört es lachen. »Dein Eifer, Paulus«, hört er noch. »Denk noch mal nach: wohin?«

Als die Begleiter Paulus einholen, hockt er am Boden. Und in der Nähe grast sein Pferd. »Ich kann nichts mehr sehen«, sagt er. »Ihr müsst mich führen. Bringt mich nach Damaskus.«

»Und jetzt?«, fragt der Junge. »Jetzt sind Paulus die Augen aufgegangen«, sagt Ananias. »Am Sonntag werden wir ihn *taufen*. Von heute an wird er mit Eifer die Gute Nachricht verkünden, das *Evangelium* von Jesus dem Christus.«

Apostelgeschichte 9, 1–19

Mit Leidenschaft nach Rom

Komm mit in die Schreibstube des Paulus.
Paulus ist seit Damaskus viel herumgekommen. Viele große Städte hat er besucht: Ephesus, Philippi, Korinth. Und er schreibt Briefe. Er hat ein Netzwerk aufgebaut, Gemeinden Jesu Christi. Wie Jesus hat er viele Freunde. Aber auch mächtige Feinde …

»Rom, ich muss nach Rom!« Paulus geht im Zimmer auf und ab. »Los, Silas, schreib!« Und Silas, sein Schreiber, greift zur Feder. »An die Christen in Rom, die große, wachsende Gemeinde«, diktiert Paulus.

»Du kennst sie nicht«, wirft Silas ein. Er ist nicht nur Paulus' Schreiber, sondern auch sein Freund. »Das wird sich ändern!«, ruft Paulus eifrig. »Rom ist der Mittelpunkt der Welt. Wo, wenn nicht dort, wird sich die Gute Nachricht in alle Winde verbreiten?« Er bleibt vor Silas stehen. »Schreib«, sagt er:

*»Ich bin so froh, dass Jesus mich zu sich gezogen hat. Früher dachte ich, wenn ich alle Gesetze halte, verdiene ich Gottes **Gnade**. Aber das war ein Irrtum. Gottes Gnade kann kein Mensch verdienen. Die bekommt er geschenkt. Auch ich habe Gnade geschenkt bekommen. Von Christus Jesus, meinem Herrn. Das habe ich erkannt. Ich frage euch: Wisst ihr es auch? So sicher, dass ihr's weitergeben könnt? Ich will gern zu euch kommen, will euch helfen …«*

Es klopft an die Tür, hart und fest. »Jetzt nicht!«, ruft Paulus wild. Die draußen hören nicht. Sie reißen die Tür auf. Es sind Soldaten. »Verhaftet!«, rufen sie. »Paulus, du bist verhaftet!« Silas lässt die Schreibfeder fallen. »Was für ein Unglück!«, ruft er. »Warum?«

Die Soldaten binden Paulus schon die Hände. »Unruhestiftung«, sagen sie. »Und Gotteslästerei!« Silas stößt einen Klageruf aus. Aber Paulus lacht. »Wie der Herr, so der Knecht«, sagt er. Sie stoßen ihn grob, sie antworten nicht. Silas knurrt: »Seid doch vorsichtig!«

»Nur, dass ihr's wisst«, sagt Paulus. Er zwinkert Silas zu. »Ich bin ein Bürger Roms. Ich muss in Rom verurteilt werden!« Das stört den Hauptmann nicht. »Keine Sorge!«, sagt er. »Wir bringen dich nach Rom!«

»Rom! Sie bringen mich nach Rom!« Mit gebundenen Händen geht Paulus an Bord eines Schiffes. Silas bleibt schluchzend zurück. Paulus aber geht aufrecht. Er geht wie ein Sieger.

»Warum soll ich mich fürchten?«, ruft er Silas noch zu. »Jesus ist für mich. Wer kann gegen mich sein?« Er spricht einen *Segen* für Silas. »Und der Friede Gottes, der höher ist als alle Vernunft, bewahre dein Herz und deinen Sinn in CHRISTUS JESUS. Amen.«

Aus Apostelgeschichte 21 und 27

Ende und Anfang

Und ich sah einen neuen Himmel und eine neue Erde;
denn der erste Himmel und die erste Erde sind vergangen,
und das Meer ist nicht mehr.

Und ich sah die heilige Stadt, das neue Jerusalem,
von Gott aus dem Himmel herabkommen,
bereitet wie eine geschmückte Braut für ihren Mann.

Und ich hörte eine große Stimme von dem Thron her, die sprach:

Siehe da, die Hütte Gottes bei den Menschen!
Und er wird bei ihnen wohnen, und sie werden sein Volk sein
und er selbst, Gott mit ihnen, wird ihr Gott sein;

und Gott wird abwischen alle Tränen von ihren Augen,
und der Tod wird nicht mehr sein,
noch Leid noch Geschrei noch Schmerz wird mehr sein;
denn das Erste ist vergangen.

Und der auf dem Thron saß, sprach: Siehe, ich mache alles neu!
Und er spricht: Schreibe, denn diese Worte sind wahrhaftig und gewiss!

Und er sprach zu mir: Es ist geschehen.
Ich bin das A und das O, der Anfang und das Ende.
Ich will dem Durstigen geben von der Quelle des lebendigen Wassers
umsonst.

Offenbarung 21

239

Schlag nach ...

Amen Das sagt man zur Bekräftigung, besonders am Ende eines →Gebets.

Altar Früher: der Tisch für die →Opfer; in der Kirche erinnert der Altar an den Tisch, an dem Jesus das letzte Abendmahl gefeiert hat.

Arche Holzkasten; in der Geschichte von Noah das schwimmende Haus, in dem Mensch und Tier Zuflucht vor der →Sintflut fanden.

auferstehen, Auferstehung Christen glauben: Jesus ist wiedergekommen von den Toten; alle Toten werden einmal wieder lebendig.

aussätzig, Aussatz Eine ansteckende Hautkrankheit; heute heilbar, früher kaum.

barmherzig, Barmherzigkeit Wer ein warmes, weiches Herz hat und sich um andere kümmert.

bereuen Wenn du wünschst, du hättest etwas nicht getan oder gesagt.

beten Wenn du dich in Gedanken oder mit Worten an Gott wendest.

Christus Ehrenname für Jesus. Das bedeutet: »Der →Gesalbte«. Israels Könige wurden →gesalbt.

Engel Boten Gottes; niemand weiß, wie sie aussehen, aber weil sie zwischen Gott und den Menschen vermitteln, stellt man sich vor, dass Engel Flügel haben.

erlösen, Erlöser Retten, befreien, zum Beispiel von Angst, Schmerz, Schuld, Trauer.

Evangelium Das heißt »gute Nachricht«. Die gute Nachricht Jesu war: »Das →Reich Gottes ist nahe!« Die gute Nachricht der Christen ist: »Jesus ist →auferstanden!«

fluchen, Fluch Das Gegenteil von →Segen. Jemandem etwas Böses wünschen und darauf vertrauen, dass Gott diesen Wunsch erfüllt.

Frieden mehr als das Gegenteil von Krieg und Streit: wenn alle Beziehungen →heil sind

Gebet Worte oder Gedanken, die du an Gott richtest.

Gebote Regeln zum guten Leben; Mose brachte dem Volk Israel die Zehn Gebote Gottes →Gesetz

Geist, Heiliger Geist du kannst ihn nicht sehen, aber er wirkt; der göttliche Geist schafft Leben, ist wie dein Atem, er gibt dir Kraft und Mut.

Gelehrter (der Tora) er hat die Bücher Mose ganz genau studiert.

Gelobtes Land Das Land der Zukunft, wo alles gut ist. In der Bibel wird erzählt, Gott habe seinem Volk ein solches Land versprochen.

gerecht, Gerechtigkeit Wenn du achtsam lebst; wenn jede/r hat, was er zum Leben braucht.

Gesalbter Ehrenname für Israels Könige und für Jesus →Christus.

Gesetz Regeln zum Leben; für Gottes Volk Israel sind das die Zehn →Gebote und viele andere Regeln, die in den Mosegeschichten geschrieben stehen, vor allem zum Ruhetag Sabbat und dazu, was man essen darf und was nicht.

Gleichnis Rätselgeschichte; Jesus erzählt Geschichten aus dem Alltag. Unter der Oberfläche verraten sie etwas über Gottes Reich und Gottes Willen. Du findest es meistens da, wo du dich wunderst.

Gnade Wir glauben: Gott ist größer und besser als Menschen. Dass er sich um uns kümmert und uns gernhat, ist wie ein Geschenk. Das nennt man Gnade.

gütig, Güte Güte ist die Freundlichkeit Gottes.

Haus des Herrn, Haus Gottes Ort, um sich zu versammeln, auf Gott zu hören, zu→opfern und zu Gott zu →beten, zum Beispiel der →Tempel in Jerusalem.

heilen, heil Gesund machen; »heil« bedeutet: gesund an Körper und Seele.

heilig Nahe bei Gott, unvorstellbar gut und friedlich.

Himmel, Himmelreich Das ist da, wo alles →heil ist, nahe bei Gott.

Hoffnung wenn du mitten im Dunklen daran denkst, dass es bald wieder hell wird, und dieser Gedanke dir Kraft und Mut gibt

Jünger Freunde und zugleich Schüler Jesu; zum Beispiel Petrus, Andreas, Johannes, Jakobus. Zur Jüngerschaft Jesu gehörten auch Frauen.

Kinder Israels Abrahams Enkel Jakob bekam den Ehrennamen »Israel«. So heißen alle seine Nachkommen.

Lade Ein besonderer Kasten für die Tafeln mit den zehn →Geboten.

leiden, Leid Wenn du Schmerzen hast, traurig bist oder Angst hast.

Lichtwesen Etwas →Heiliges und Gutes; vielleicht ein →Engel.

Macht Wenn man alles machen kann.

Mann Gottes Einer, der auf Gott hört und Gott nah ist.

murren Sich beklagen, nörgeln, »meckern«

opfern, Opfer Wenn ich einem anderen zuliebe etwas abgebe von dem, was ich habe, obwohl ich es gern selbst behalten möchte; früher dachten die Menschen, dass sie Gott Opfer bringen müssten: Korn, Speisen und Tiere.

Pharao Das war der Ehrentitel des Königs von Ägypten.

Philister Ein kriegerisches Volk.

Priester Priester tun Dienst im →Haus Gottes; sie →beten für die Menschen und mit ihnen. Früher waren sie vor allem zuständig für die →Opfer.

Prophet Einer, der auf Gott hört und Gottes Willen weitersagt.

rechte Hand So kann man seinen Stellvertreter nennen, dem man fest vertraut.

Reich Gottes Das ist ein anderes Wort für →Himmelreich.

Sabbat Das ist der Ruhetag Gottes. In der Schöpfungsgeschichte wird erzählt: In sechs Tagen schuf Gott Himmel und Erde. Am siebten Tag ruhte er. So dürfen auch die Menschen Ruhe finden und Gott für seine →Güte danken.

salben, Salbung Israels Könige wurden gesalbt: Man strich ihnen Salbe auf die Stirn zum Zeichen, dass Gott selbst sie für das Amt ausgesucht hatte.

segnen , Segen Gottes Segen bedeutet: »Ich gehe mit dir durch dick und dünn; es soll dir gut gehen; du sollst heil sein.« Menschen können sich gegenseitig Gottes Segen zusprechen.

Sintflut Viele Völker erzählen Geschichten von gewaltigen Regenfällen, die beinahe alles Leben ausgelöscht hätten. In der Bibel wird erzählt, Gott habe versprochen: Nie soll das geschehen.

Sünde, Sünden Das, was den Frieden Gottes stört, zum Beispiel Unbarmherzigkeit, Gewalt, Eifersucht.

Synagoge Dort versammelt man sich zum Gebet; einer leitet die Versammlung. Das ist dann der Synagogenvorsteher

taufen, Taufe Mit Wasser und →Segen; das ist ein Zeichen dafür, dass jemand ein für alle Mal zu Gott gehört; seit Pfingsten ist es das Zeichen dafür, dass jemand Christ ist.

Tempel →Haus Gottes in Jerusalem; den ersten Tempel ließ König Salomo bauen.

Tora So nennen Juden die ersten fünf Bücher der Bibel; darin lesen sie das →Gesetz, die Regeln, die Mose seinem Volk in Gottes Namen gegeben hat.

umkehren, Umkehr Wenn einer, der etwas falsch gemacht hat, sagt: Tut mir leid; ich will es von nun an besser machen.

Unheil Wenn etwas geschieht, das den Frieden stört und →Leid bringt.

Unrecht Das Gegenteil von →Gerechtigkeit.

vergeben, Vergebung Wenn du jemandem wehgetan hast und es dir leidtut – und er sagt zu dir: »Schon gut. Wir wollen uns wieder vertragen.«

verleugnen, Verleugnung Als Jesus verhaftet worden war, wollten viele seiner Freunde nicht zugeben, dass sie ihn kannten – aus lauter Angst, dass sie dann auch verhaftet würden.

verloren (gehen, sein) In der Bibel ist oft die Rede davon, dass Menschen »verloren gehen«. Das bedeutet, dass sie nicht so leben, wie es gut für sie wäre.

verschonen Wenn einer die Gelegenheit hat, seinen Feind zu töten, und ihn trotzdem leben lässt.

Versuchung Etwas, das dich lockt und reizt, obwohl du eigentlich weißt: Es tut nicht gut.

weise, Weisheit Das Gegenteil von »dumm« und »leichtfertig«; einer, der sich viel Zeit für seine Entscheidungen nimmt; mit Lebenserfahrung.

Wohlgefallen Das ist eine Mischung aus Zuneigung, Freude und Übereinstimmung.

Zion Das ist der Berg, auf dem der →Tempel steht; so nennt man auch Jerusalem oder ganz Israel.

Inhalt

247

Nachwort für die Eltern

Was ist das für eine Kinderbibel?

Eine Kinderbibel zu schreiben ist eine große Herausforderung. Als Autorin und Erzählerin von Bibelgeschichten bin ich dreifach verantwortlich:

- gegenüber den Kindern – dass sie zu lesen bekommen, was sie betrifft
- gegenüber den Erziehenden – dass die Kinder sinnvoll gefördert werden
- gegenüber der Bibel – dass sie erkennbar bleibt und überzeugen kann

Ich muss sehr genau überlegen, ob das, was ich erzähle – und wie ich es erzähle –, sowohl pädagogisch als auch theologisch vertretbar ist – und sich dann auch noch unterhaltsam und mit Freude und Spannung lesen lässt.

Die Gattung: Erzählbibel

Wenn Sie Kinderbibeln auf dem Markt vergleichen, stellen Sie Unterschiede fest. Grob lassen sich Kinderbibeln in zwei Gruppen unterteilen: Nacherzählungen und Neuerzählungen. Nacherzählungen folgen möglichst eng dem Wortlaut des Originals; Neuerzählungen sind nicht dem Wortlaut, wohl aber dem Sinn des Originals verpflichtet.

Die beiden Methoden unterscheiden sich im Anspruch: Die Nacherzählung reicht die Tradition gewissermaßen »im Container« weiter; die Kinder sollen sich den darin bewahrten Gehalt nach und nach selbst erschließen. Die Neuerzählung dagegen versucht, diesen Gehalt alters-, zielgruppen- und situationsspezifisch zu öffnen. Beide Vorgehensweisen – das darf nicht übersehen werden – sind auf jeden Fall Deutungen: Eine Auswahl wird getroffen, sowohl aus der Vielzahl der Texte als auch aus der Fülle des jeweiligen Einzelstoffs. Schwerpunkte werden gesetzt, theologische wie pädagogische. Entscheidungen werden getroffen – wie erkläre ich was? Welchen roten Faden verfolge ich? Welche »schweren Wörter« ersetze ich? Was mute ich den Kindern zu?

Ich persönlich habe gute Erfahrungen mit dem Neu-Erzählen gemacht. Die Texte, wie sie in der Bibel stehen, sind im Berichtsstil verfasst und verlocken Kinder selten zum eigenen Nachdenken. Neuerzählungen hingegen verwickeln ihre Adressaten und laden zum Mitfühlen, Mitdenken und Fragen ein. Das ist mir sehr wichtig. Darum erzähle ich neu in der Hoffnung, dass anschließend Sie als GesprächspartnerIn zur Verfügung stehen.

Ergebnisse der Bibelwissenschaften

Ich habe oft festgestellt, dass das Interesse von Kindern an Bibelgeschichten umso rapider abnimmt, je mehr sie ins kritische Denken eingeübt werden. Auf einmal erscheinen die Wahrheiten der Bibel überholt und naiv. Und die Kinder haben recht: An der Oberfläche sind sie es auch. Es ist nötig, tiefer zu schauen und weiterzufragen, um die Weisheit zu entdecken, die in ihnen bewahrt ist.

Diesen tieferen Blick gilt es zu schulen – einerseits, indem die Geschichten von Anfang an offen erzählt werden, also so, dass sie das Denken und Fragen herausfordern; andererseits, indem Missverständnissen vorgebeugt wird.

Aus den Bibelwissenschaften weiß ich eine Menge über die Entstehung der einzelnen Texte, über die Umstände, unter denen sie geschrieben und später zusammengefügt wurden, über das Welt-, Menschen- und Gottesverständnis, das damals herrschte. Solches Wissen kann dazu führen, dass ich das eine oder andere, das ohne Erklärung anstößig ist, vorbeugend ändere. Dass ich Texte neu sortiere. Dass ich mich im Falle konkurrierender Lesarten für eine von mehreren entscheide.

Im Fall dieser Kinderbibel habe ich drei Grundentscheidungen getroffen:

1.

Ich erzähle die älteren Glaubenstraditionen zuerst – auch wenn ich in der Bibel eine andere Reihenfolge vorfinde. So sind z.B. die Urgeschichten (Schöpfung, Sintflut, Turmbau) von ihrem Motivbestand her sehr alt. Die Bearbeitung, in der sie in die Bibel aufgenommen wurden, ist jedoch relativ spät entstanden, vermutlich lange nach Israels glanzvoller Königszeit. In der Bibel stehen sie – scheinbar chronologisch – am Anfang. Sie sind aber viel besser zu verstehen, wenn man weiß, was Israel zuvor schon mit seinem Gott erlebt hatte: Begleitung (Erzeltern), Befreiung (Mose), Erwählung (Könige), Wegweisung

(Gebote, Propheten). Und so erzähle ich es den Kindern.

2.

Ich erzähle subjektiv. Ich bin nicht dabei gewesen, als Gott Abraham oder Mose berief. Ich kann nur erzählen, was die Zeugen berichten. Zum Beispiel Abraham kann bezeugen, Gott habe mit ihm gesprochen. Ich kann es weitersagen – und staunen. Dadurch wird die Glaubwürdigkeit der Geschichte gestärkt: Die Kinder können sich selbst ein Bild machen.

3.

Ich erzähle so, dass die Gattung der Erzählung deutlich wird: Geht es darum, ein Ereignis, eine Erfahrung zu deuten? Oder geht es darum, eine Lebensfrage zu beantworten? Eine Frage nach Gott und dem Sinn? Es sind Menschen, die das tun – und ich erzähle es so, dass das deutlich wird. Die Frage nach der Sintflut etwa lautet dann nicht: »Warum hat Gott so gehandelt?«, sondern: »Warum haben die Menschen erzählt, dass Gott so gehandelt hat?«.

Wer bist du, Gott?

Das erste (Alte) Testament ist ein Buch der Suche nach Gott. Sie finden darin sehr unterschiedliche Gottesbilder, ja sogar Entwicklungsschritte einer sich festigenden Vorstellung von dem einen, einzigen, den Menschen zugewandten, das Gute wollenden und verkörpernden Gottes. Bis heute sind wir mit Gott nicht fertig. Hinzu kommt: Auch die persönliche Vorstellung von Gott und die individuelle Beziehung zu Gott wächst, reift, verändert sich im Lauf des Lebens. Da wäre es unverantwortlich, den Kindern einen fertigen, statischen Gott zu präsentieren – er würde die Entwicklung des Kindes behindern bzw. dabei allzu leicht auf der Strecke bleiben. Darum nimmt meine Bibel die Kinder mit auf die Suche: In den verschiedenen Facetten Gottes – des Herrn des Segens, des Begleiters, des Wegweisers, Richters, Freundes, Königs und (neutestamentlich) Vaters – verfolgen sie, was Gott alles sein kann, und entdecken dennoch »rote Fäden«:

- Gott sucht ein Gegenüber (Partner, Freunde, Vertraute)
- Gott stellt vor Herausforderungen (Aufbruch, Berufung, Eintreten für Gerechtigkeit und eine bessere Welt)
- Gott bleibt bei aller Nähe immer auch fern und damit ein tiefes Geheimnis. Wer bist du, Jesus?

Das zweite (Neue) Testament geht von dem alttestamentlichen Gott (den alttestamentlichen Gottesbildern) aus. Jesus verkündigt keinen neuen Gott, sondern genau den, mit dem Abraham, Mose, David und die Propheten ihre Erfahrungen gemacht und überliefert haben. Der rote Faden, den Jesus dabei verfolgt, ist: Dieser unvergleichliche Gott betrachtet alle Menschen als seine geliebten Kinder. Und während Gott ihnen im Alten Testament vor allem nach-sieht, ist es im Neuen so weit, dass er ihnen nach-geht: Jesus ist Gott-bei-den-Menschen; einer, in dem Menschen Gott begegnen; einer, der Gottes Maßstäbe und Ansprüche auf der Erde sichtbar lebt; einer, der mit Macht so umgeht, wie es Gott ge-

mäß ist: Er nutzt sie zum Wohl der anderen, aber niemals für sich oder um etwas zu erzwingen.

Das Neue Testament ist in allen seinen Schriften mit einer Doppelfrage befasst: Wer ist dieser Gott, den Jesus verkündet, und zugleich: Wer ist dieser Jesus, in dem wir Gott begegnen?

Auch die Kinder kommen um diese Doppelfrage nicht herum, sollen sie nicht einfach nur mit einem »guten Menschen« abgespeist werden, der in Superman-Manier alles in Ordnung bringt.

Hilfe bekommen sie durch die Struktur der Auswahl: Von den Anfängen des öffentlichen Wirkens über erste Begegnungen, von Heilungen über Streitgespräche, von Gleichnissen bis hin zu Speise- und Naturwundern begleiten sie einen facettenreichen Jesus und sehen ihn mit den Augen unterschiedlicher Zeugen: der Jüngerinnen und Jünger, Schriftgelehrten, Politiker und nicht zuletzt der Evangelisten und Apostel.

- Die roten Fäden sind dabei die gleichen wie bei Gott:
- Auch Jesus sucht Menschen (z.B. die »Verlorenen«)
- auch Jesus ermutigt zu Herausforderungen (z.B. Nachfolge, Abschied von Gewohnheiten)
- auch Jesus bleibt letztlich ein unlösbares Geheimnis (wahrer Mensch, wahrer Gott).

Der Eigensinn des Erzählens

Auf einige Eigenmächtigkeiten in der Abfolge und Darbietung des Stoffes habe ich schon hingewiesen. Erzählen hat überdies eine besondere Dynamik: Wie Keksteig werden Erzählstoffe immer wieder zusammengeknetet, neu ausgerollt und ausgestochen. Gegenüber dem Original entstehen Straffungen, Ausweitungen, vor allem aber Konzentrationen und neue Perspektiven.

Dabei kann eine theologische oder pädagogische Absicht eine Rolle spielen – öfter aber (jedenfalls bei mir) die Rücksicht auf die Zielgruppe, Kinder ab 8 Jahren: Ich »schneide heraus« und fokussiere auf das, von dem ich annehme, dass es Kinder beschäftigt und betrifft und dass es wichtig für sie sein bzw. werden kann (und sollte).

Aus vielem sei nur zweierlei herausgegriffen:

1. Im Fokus: Biblische Frauengestalten

Die Welt der Bibel ist – das ist nicht zu leugnen – eine Männerwelt. Heute dagegen wachsen Mädchen und Jungen gleichberechtigt heran und haben dasselbe Bedürfnis nach und dasselbe Recht auf Identifikationsgestalten. So habe ich es mir ein Anliegen sein lassen, wo immer es sich vom Stoff her anbietet und glaubwürdig möglich ist, Mädchen- und Frauenperspektiven stark zu machen: Sara, Hagar, Dina, Moses Schwester Mirjam oder Davids Königin Michal geben gute Erzählerinnen ab, ohne das Original zu verfälschen. Und die Frauen, die nach der Darstellung des Evangelisten Lukas – zum engeren Kreis um Jesus gehören, kommen im zweiten Teil meiner Kinderbibel ebenso zu Wort wie ihre männlichen Kollegen.

2. Das Volk Israel und die Welt

Ein Weiteres, das sich bis in die Textauswahl und Theologie hinein auswirkt, ist wiederum von den Kindern her gedacht: Viele biblische Geschichten haben in Wahrheit einen doppelten Fokus: Einerseits erklären und deuten sie dem Volk Israel, dem jüdischen Volk, seine Geschichte. Und andererseits deuten sie der gesamten Menschheit Leben und Zukunft im Angesicht des einen Gottes.

Wie im Alten Testament viel Raum und Zeit darauf verwendet wird, Aufstieg und Fall des Volkes Israel als eine Geschichte von Erwählung, Verfehlung, Strafe und Erbarmen zu deuten, ist das Neue Testament über weite Strecken ein Ringen um die Verortung des Christentums: innerhalb oder außerhalb des Judentums.

Diese vielfach wichtige Thematik ist den Kindern hier und heute ziemlich fremd. Zumindest betrifft sie die wenigsten existenziell. Und so habe ich mich entschieden, mich auf den allgemein menschlichen und lebensweltlichen Aspekt der Texte und Theologien zu konzentrieren.

Das erspart manch historischen Exkurs und befreit zum anderen davon, Gott als »obersten Scharfrichter« einführen zu müssen, von dem Körper- und Todesstrafen zu erwarten und zu fürchten sind. Eine solche Pädagogik erleben die Kinder (hoffentlich) nicht mehr – da können wir sie mit solch einer Theologie ebenfalls getrost verschonen. Gott der Richter erscheint dann vielmehr als einer, der das Gute im Menschen fördert und ermutigt und der ein klares Nein spricht zu Rücksichtslosigkeit, Gewalt und harten Herzen.

Gott liebt das Leben, nicht den Tod. Wenn Kinder das aus dieser Bibel mitnehmen, bin ich zufrieden. Und dann noch dies: Gott ist gütig und barmherzig – sei du es auch!

Martina Steinkühler, im Oktober 2014

Von Barbara Nascimbeni sind bei Gabriel bereits erschienen:
Wie siehst du aus, Gott?
Das Vaterunser

Neue Lieblingsbücher entdecken, in spannenden Leseproben stöbern,
tolle Gewinne sichern und allerhand Lustiges und Wissenswertes erfahren –
das bieten unsere neuen Newsletter für große und kleine Leseratten.
Kostenlos anmelden unter: www.gabriel-verlag.de

Steinkühler, Martina
Die neue Erzählbibel
ISBN 978 3 522 30387 3

Gesamtausstattung: Barbara Nascimbeni
Umschlagtypografie: Michael Kimmerle
Innentypografie + Satz: Bettina Wahl
Schrift: Minion Pro
Reproduktion: Photolitho AG, Gossau/Zürich
Druck und Bindung: Livonia Print, Riga
Die Psalmen auf den Seiten 6, 40, 66, 96, 134 sind zitiert nach:
Lutherbibel, revidierter Text 1984, durchgesehene Ausgabe,
© 1999 Deutsche Bibelgesellschaft, Stuttgart.
Mit freundlicher Genehmigung des Verlags
© 2015 Gabriel in der Thienemann-Esslinger Verlag GmbH, Stuttgart
Printed in Latvia. Alle Rechte vorbehalten.
2. Auflage 2019

www.martina-steinkuehler.de
www.barbaranascimbeni.com